「知識基盤社会」論批判

学力・教育の未来像

佐貫 浩 *SANUKI Hiroshi*

花伝社

「知識基盤社会」論批判——学力・教育の未来像◆目次

序章　「知識基盤社会」論への教育学からの問い

（一）「知識基盤社会」言説の広がり

「知識基盤社会」という言葉が、今日多く使われてきている。政府の教育政策においてこの言葉が使用された最初は、中央教育審議会（中教審）答申「我が国の高等教育の将来像」（２００５年１月）であった。そこでは「21世紀は『知識基盤社会』（knowledge-based society）の時代である」と規定されている。「知識基盤社会」においては、高等教育を含めた教育は、個人の人格の形成の上でも、社会・経済・文化の発展・振興や国際競争力の確保等の国家戦略の上でも、極めて重要であるとされ、その具体的な特質として

1. 知識には国境がなく、グローバル化が一層進む、
2. 知識は日進月歩であり、競争と技術革新が絶え間なく生まれる、
3. 知識の進展は旧来のパラダイムの転換を伴うことが多く、幅広い知識と柔軟な思考力に基づく判断が一層重要となる、
4. 性別や年齢を問わず参画することが促進される、等を挙げることができる

と述べていた。新学習指導要領を提起した中教審答申（２００８年１月）「幼稚園、小学校、中学校、

高等学校及び特別支援学校の学習指導要領等の改善について」も、この認識に立っている。

さらに、2016年12月に出された中教審答申には、「子供たちの65%は将来、今は存在していない職業に就く（キャシー・デビッドソン氏（ニューヨーク市立大学大学院センター教授））」との予測や、「今後10年～20年程度で、半数近くの仕事が自動化される可能性が高い（マイケル・オズボーン氏（オックスフォード大学准教授））」などの予測が紹介されていた。また、「2045年には人工知能が人類の知能を越える『シンギュラリティ』に到達するという指摘もある」という注記が付されていた。すでに個別の学校目標に、「人権尊重の精神を基調とし、グローバル化する社会の中で知識基盤社会に主体的に対応できる知性と感性に富み、健康で人間性や国際感覚豊かな○○中学校の生徒を育てる」などと書かれたものも出現している。

さらに政府や財界は、この「知識基盤社会」を土台にして日本の未来社会を構築するとして、「Society 5.0」社会構想を提示している。このコンセプトは、科学技術基本法第5期（2016年度―2020年度）のキャッチフレーズとして登場した。内閣府ホームページ（https://www8.cao.go.jp/cstp/society5_0/index.html）は、「サイバー空間（仮想空間）とフィジカル空間（現実空間）を高度に融合させたシステムにより、経済発展と社会的課題の解決を両立する、人間中心の社会（Society）。狩猟社会（Society 1.0）、農耕社会（Society 2.0）、工業社会（Society 3.0）、情報社会（Society 4.0）に続く、新たな社会を指すもので、第5期科学技術基本計画において我が国が目指すべき未来社会の姿として初めて提唱されました」と説明している。そして「これまでの情報社会（Society 4.0）では知識や情報が共有されず、分野横断的な連携が不十分で」、「少子高齢化や地方の過疎化などの課題に対して……十分に対応」できなかったが、「Society 5.0で実現する社会」は、「ＩｏＴ（Internet of Things）で全ての人とモノがつながり、様々な知識や情報が共有され、今までにない新たな価値を生み出すことで、これらの課題や困難」が克服され、人工知能（ＡＩ）やロボットなどの技術で、「少子高齢化、地方の過疎化、貧富の格差などの課題が克服され」、「モノやサービスを、必要な人に、必要な時に、必要なだけ提供されるとともに、社会システム全体が最適化され、経済発展と社会的課題の解決を両立していける社会」が来ると述べていた。

しかし、この「美しい」未来像は、いかなる科学的根拠をもっているのだろうか。「社会的課題」――格差貧困社会の急激な展開、地球温暖化の危機、食料生産の危機、テロや紛争の拡大、等々――は一体どうやって解決されるというのか。それは「ＩｏＴ、ロボット、人工知能（ＡＩ）、ビッグデータ等の先端技術」が解決してくれるというのだろうか。これではもはや政治などという面倒くさい仕組みは不要で、コンピュータが政治的「正解」、政策解を全て与えてくれ、主権者などというものは不必要で、消えてなくなる――したがってもちろん主権者育成も不必要――という未来社会が描かれているかのようである。たとえ、価値の配分状況を分析するプログラムを組み込まれたＡＩがよりましな「解」を提起したとしても――今日のような格差の拡大や貧困の噴出に対して、ひょっとするとＡＩは、ビッグデータに依拠した警告を提起するかもしれないが――、それを実行するのは人間であり、巨大資本の支配に対抗する国民的な意思なくしてはそれは実行され得ない。ＡＩが政治的な力を創り出すわけではないのである。

そのことを正面から問わないならば、ＡＩや科学技術の全面展開が、全ての社会矛盾を解決してくれるという「Society 5.0」の未来社会ビジョンは、根拠薄弱という以上に、新自由主義とグローバル資本の危険で反人類的な本質を押し隠すイデオロギーとして機能する。それは「ＡＩによる未来社会論」であり、「一種の『ＡＩ物神崇拝』」（友寄英隆「安倍内閣と財界の『Society 5.0』の空疎な中身――ＡＩによる『未来社会論』批判」『前衛』２０１９年2月号）であろう。

しかもこの「Society 5.0」ビジョンには、グローバル資本の戦略が、ユートピアを実現する方法であるかに偽装されて、詰め込まれている。政府は、「我が国は、課題先進国として、これら先端技術をあらゆる産業や社会生活に取り入れ、経済発展と社会的課題の解決を両立していく新たな社会であるSociety 5.0の実現を目指」すとしている。それは、「Society 5.0」に向けた社会インフラの構築を最大投資部門として膨大な国家資金を注ぎ込み、その領域で圧倒的な技術力と資本をもつグローバル企業とのコラボレーションによる巨大開発を推進していくという宣言にほかならない。

もちろん、科学技術開発、ＡＩの開発、インターネットによる新しい情報ネットワークの形成などが、グローバル資本の利潤蓄積戦略のために独占的に利用されることを阻止し、人権や労働権や生存権、平和と安全のために利用されるならば、政府の言う「Society 5.0」とは異なる社会像が見えてくるだろう。はたして、「知識基盤社会」（あるいは「知識社会」――ここでは同一概念として扱う）という概念は、どこまで科学的に吟味されたものなのであろうか。そこにおける労働の未来像、そこから提示される人材要求、学力要求にいかなる正当な根拠があるのだろうか。

（二）「知識基盤社会」論の労働と価値についての論理

その「知識基盤社会」論——そこでは、「知」は、知識と技術を含むものとして使用されている。本書では、「知」をそのような概念として使用する——においては、経済的な価値を生み出すのは知識であり、今や労働者は知識生産者、知識創造者としてこそその力を発揮しなければならないとされる。今までのように労働が、その身体活動の全体を含んだものとして価値あるものと見なされるのではなく、その頭脳の活動の産物としての知的生産物においてのみ評価されるのだといわんばかりの言説が流行しつつある。そして労働者が、どのような「知」を生み出せるのかによって、その労働の経済的価値（したがってまた賃金）も決められるという論理につなげられる。

その結果、従来かなり共通に認識されていた常識——経済的な価値は、人間労働のみが生み出すという考え、すなわち労働価値説——が、もはや成立しなくなりつつあるというメッセージが含まれているかにも見える。経済的な価値とは、人間労働のみが生み出すものであり、誰もがそういう労働能力を持ち、経済的な社会の富を作り出していける主体であるとの常識が揺らぎつつあるようにも思われる。もし価値の源泉が、「知」にあるとされるならば、その分だけ「労働」それ自体の位置が退き、人権の重要な内容を占めてきた「労働権」もそれだけその根拠を脅かされるという危うい事態が進行する可能性がある。

はたして、「知」は、「労働」に代わって、経済的な価値（剰余価値）を生み出す性格を持ち始めているのか。はたして経済的富の源泉として、労働に替わるものとして登場しつつあるのか。たしかにその言説は、グローバルな市場における激しい資本の競争の現実を反映したものであり、一定のリアリティーを持つものと言うべきであろう。現にグローバルな世界市場競争においては、技術開発に勝利することが最も重要な戦略となり、また新しい科学技術の開発が画期的な商品開発を可能にして新しい市場を爆発的に生み出し、それを開発した資本に莫大な利潤をもたらすという現象が、ますます頻繁に起こっている。AI、パソコン、ネット上の対話アプリ、スマートフォン、ロボットの開発などにそのような特徴が典型的に現れている。そして、企業は、そういう知と技術開発に勝利しなければ利潤を獲得できないとして、全力で知の開発に邁進している現実がある。

労働価値説とは、カール・マルクスによって完成されたものである。確かに知識が資本により多くの利潤（剰余価値）をもたらすことは事実であるとしても、それは労働力以外のものが価値を生み出すのかどうか、その点が厳密に検討されないままに、「労働」ではなく「知」が価値を生み出すという言説が広がるならば、労働者はその労働力の支出時間ではなく、知的能力の高さに比例して賃金を受け取るのが正義だというような観念が広がっていく。知的能力の低い労働では、自分が生きていくのに必要な経済的価値すら作り出せず、低賃金でも仕方がないというような考えにも繋がっていく。

しかし、はたしてそれは本当か。

今述べたような「知識基盤社会」論と結びついて、教育の世界において、学力論や労働力論が危うさを含んで展開され始めている。もちろん、この問いは、経済学的問いとして検討されるべき論点を含んでおり、そういう問いに教育学の側から本格的に挑むことはなかなか難しいが、可能な範囲で検討を進めてみる必要がある。

(三) 権利としての労働という視点の喪失

日本国憲法は労働を権利として承認している。憲法第25条の生存権保障の第一の基盤は第26条の労働権の実現にあり、日本の労働法は一日8時間、週40時間労働を基準として、その労働に支払われる賃金によって「文化的生活」が可能なように最低賃金制などを定めてきた。この生存権保障の仕組みは、労働が価値を生み出し社会を成り立たせるという認識を基盤としていると考えることができる。

もちろん憲法第25条の生存権は、その個人が労働することとの交換条件で成立するものではない。しかし労働が生み出す経済的価値の総和が社会の維持・持続・発展を支えていると把握するならば、人々の労働こそが社会を成り立たせているという認識が成立する。経済的な価値を生み出す労働が社会の経済的基盤を形成しているゆえに、その労働力の再生産は人間社会の持続にとって基底的な要件であり、その再生産費用が賃金として労働者に支払われることが人間の生存にとって不可欠な条件であり、権利だと把握されてきたのである。

ところがそれに対して、「知的労働の価値は時間では計測できない。長時間働いても知的貢献の少ない労働は一人前に値しない」という論理が大手をふって通用するような事態が生まれている。今、知的に高度な労働能力を持たない人間はワーキングプアになっても自己責任だとする言説や、生存権保障以下の賃金がまかり通る状況が出現している。そういう格差の現実を前に、子どもも親も、学力を高めるために激しい競争に巻き込まれていく。労働能力や学力がその個人の人間としての価値を表し、学力の低い人間は生きるに値しないというレッテルを貼り付けられるような状況が生まれている。

加えて、AIやロボット技術の急速な発展によって、労働者は、ロボットとも雇用をめぐって競争しなければならなくなってきたとも言われる。2030年には、今ある労働の半分以上がロボットに取って代わられるというような恫喝的な労働の未来像も提起されている。巨大な資本が、高度の科学技術を組み込んだ機械体系と化した工場において、労働者なしで、ロボット「雇用」で商品を作り出し、市場で価値を回収し、資本の増殖を達成していくというイメージがその背後に潜んでいる。もはや労働は、剰余価値の生産、資本の増殖に不要であるとでも言えるようなユートピア（あるいはディストピア）が描かれる。そして必要な人間労働はそのような機械の設計や管理を行なう高度の知的労働だけとなり、ロボットに勝る力、代替できない労働のみが意味があるとみなされるような時代が来るとされる。しかし本当に、人間の労働は不必要になり、意味をもたなくなるのだろうか。

資本主義的生産とは、資本が、人間労働の生み出す剰余価値を搾取することによって増殖する経済システムであると説明されてきた。人間労働のないところにはそもそも剰余価値の生産と集積は成り立たない。それともそのような経済学自体が根本から改変されるということか。

一方で、労働の未来像においては、そのような見通しとは異なって、資本に対する労働のたたかいを経て労働条件が改善され、技術の急速な高度化によって生産力が向上し、労働者の労働時間の短縮、自由時間の増大が可能となり、危険な労働はロボットなどが担い、より人間的な労働が実現されると語られてきた面があった。生産力の発展は人間労働をより人間化し、労働時間を短縮し、自由時間を拡大するのではなかったのか。

社会構造を決めてきた最も基本の要因は、生産関係であり、現代は資本主義という経済的生産様式が基本となっている。知の発展が生産力を急速に増大させるとしても、生産関係自体はどう変化していくのか、生産力の急速な向上はこの生産関係にも響いてくるのか。「Society 5.0」構想の言うように、AIや機械の急速な進歩による生産力の発展は、社会問題まで解決し、未来の新しい社会を生み出すというのは、本当か。これらの論点をあらためて検討しておく必要があるだろう。

(四) グローバル資本の戦略と地域に経済的価値が循環する社会構想との対抗

現代、グローバル資本、巨大な資本群が、自らの剰余価値獲得を最大の動機として世界戦略を展開している。そのために、雇用する労働のあり方を、剰余価値生産にとって最も有利な形にするために管理し、性格づけようとする。その結果、グローバルな規模における格差が生み出されてきている。

世界中から、資本の利潤獲得にとって最も有利な条件――安い労働力、生産活動が生み出す社会的費用を企業に背負わせない立地条件、高度な知的能力を持った人材の確保、安い資源、タックス・ヘイブン、巨大な市場など――を集め、結合し、その結果得られた利潤は、その条件を提供した地域からは切り離されて豊かな中心（グローバル資本の拠点）へ移転され、蓄積される。そういう条件を提供できない地域は、世界的経済循環から切り離され、孤立させられ、産業持続に必要な投資を拒否され、生活を営むための価値の再配分をも拒否されて、人間が働き生活する場としての機能を奪われていく。社会を、国家を、地球世界を、巨大資本の利潤の観点から改造し、多くの地域を切り捨て、「役に立たない労働」を切り捨て、そのために人々が生きていくための経済的価値の循環が多くの地域で断ち切られつつある。

逆に、もし地域が、人々が生活し、生産し、価値が循環していく場となるならば、また人々が必要とする商品やサービスを作り出すための労働が地域の人々の生活を支え、地域の持続を可能にする経済的価値を生み出すことができれば、世界的競争に勝ち残ることのできる商品を作り出さなくても、そこで生きていくことが可能になる。地域で生産し地域で消費するゆえに、その地域でこそ競争力を発揮する商品群も多く存在する。原発の事故によって、原子力発電の無謀さや経費の高さが問題になる中で、地域が生み出すことができる自然エネルギーが地域経済を支える可能性が大きくなり、新たな地域の再生に希望を与えつつある。本来、知の高度化によって人間労働の生産性が向上するならば、地域で組織される労働が、その地域経済を支える力が高まるのではないか。生産力の全体的な高度化によって地域に循環する持続的な経済を形成できる可能性が高まりつつあるにもかかわらず、そのことが認識されないままにきているのではないか。

「知識基盤社会」とは、実は、グローバル資本の利潤増大と世界競争に勝ち抜く戦略の側から、知の発展の意味が一面的に捉えられた未来社会像ではないか。とするならば、「知識基盤社会」論の検討の土台には、資本主義の今日的な到達点としてのグローバル資本主義、その政治的、経済的な現れである新自由主義そのものに対する批判的検討を組み込まなければならないのではないか。

(五)「知識基盤社会」論と学力問題

1 「知識基盤社会」論は、全ての人間の知や能力の実現に関心を持たない

これから本格化する「知識基盤社会」に対応できる学力、労働能力を獲得しなければならないというメッセージが飛び交っている。OECDのコンピテンシー論やPISA学力論、日本の学力テスト、あるいは「Society 5.0」に対応する教育改革構想——これらは全て、「知識基盤社会」論を踏まえた教育の構想としての特徴をもっている。グローバル経済競争に勝ち抜ける労働力や科学技術開発力に対処できる「学力向上」に学校は追い立てられている。しかし冷静に考えてみれば、今日は歴史的に見れば最も高度な生産力が実現されている時代であり、その技術やAIの助けによって、人間の労働能力、労働の生産性は非常に高度なものとなっている。その労働が「実現」できる場が与えられて人

間が所有している全ての労働能力――全ての人間の労働能力――が生かされるならば、富の創出と蓄積は最大化するのではないか。科学技術の発達が、人間労働の生産力を飛躍的に高めるものであるならば、また、生産力の急速な向上が人間の労働時間を短縮し、自由時間の拡大を可能なものとするならば、現代の労働に不可避のように組み込まれている苦難や危険や人間破壊や失業などの矛盾が克服されていくのではないのか。たとえその労働能力に弱点や障がいを抱えていても、集団的な共同労働の中に位置づけられ、また高度な機械やロボットや科学技術の助けを得るならば、それらの労働の生産力もまた押し上げられ、人はその学力の優劣に関わりなく、自己の労働力や学力に依拠して、誇りを持って創造的に生きていくことが可能になるのではないか。そしてそういう見通しの中においては、今私たちが直面している極度に競争的、差別的な雇用と労働をめぐる困難と矛盾が、克服される展望が見えてくるのではないか。

しかし剰余価値の獲得、その増大を根本目的とする資本の論理は、あらゆる地域の労働や産業を支配下において搾取し、地域の富を収奪し、その富の全てを自己の支配する生産のサイクルに注ぎ込み、より多くの剰余価値を獲得しようとする。資本の競争の論理は、全ての人間の労働力を実現することに関心を持たないだけではなく、競争力の低い産業部門と雇用を廃棄することをも求め、賃金格差を拡大していく。そのため、競争に勝ち残った一部の労働力のみが役に立つ労働力で、競争に負けた労働力は物を生産する場に就くことすらできず、生存権すら保障されないという状態に追いやられる。このような労働のありようは、学力競争を絶望的なものへと組み替えていく。しかも、悲惨な結果は学力や労働能力の低さによるとして、自己責任とされてしまう。どうして、知の開発や技術の急速な高度化が、全ての人間労働が豊かに実現される条件とならないのか。知識基盤社会論は、そういう事態には関心を持たないのだろうか。そのことが批判的に検討されなければならない。

2 「知識基盤社会」論における知の位置づけの一面化

現代は、およそ250年間を経て巨大化してきた資本が、世界的な経済生産を自己の支配下に置くことが可能なほどの力と技術を得、国家権力を新自由主義化し、自己の商品の販売市場と労働力調達市場を世界規模に拡大し、その結果として地球的自然や地球上に生きる人々の生活様式を思いのままに改造する時代となった。しかも、グローバルな資本は、巨大資本間の苛烈な市場競争を勝ち抜くために、知と技術の開発競争に勝ち残ることを絶対的条件としている。知と技術の開発、その独占が、最も重要な資本の競争戦略となる世界的経済システムが出現し、その戦略の視点から全ての知と人間の力が意味づけられ価値化される「知識基盤社会」が出現している。その批判的分析の上に、人間の存在の本来の意味と価値、人間の発達やその能力・学力や知の意味、それらを実現する現代の教育のあるべき姿を見定めることが必要となっている。

そのためには、人間の学力を、資本主義経済の下での人材的価値のみから位置づけることの問題性を批判的に検討することが必要になる。そもそも人間が生きる活動の全体性は、それを遂行していくための多様な能力を必要とし、学力はその課題の全体性に対して準備されなければならない。その多様な活動領域は、経済活動や労働に加えて、政治的主権者として生きる力、社会の主体として歴史を切り拓いていく力、文化的芸術的な活動（創造や鑑賞）を豊かに展開して生きる力、科学の探究を含んで真理や正義を探求したり人類が達成してきた科学や文化を摂取・継承していく力、さまざまな共同を実現していくためのコミュニケィションや他者理解の力、等々を含むものとなる。人間を発達させる目標の全体性を、資本の利潤獲得の視点に限定した人材形成目標に置き変えてはならない。

資本主義的生産関係は、労働者の持つ労働能力を、資本の利潤獲得目的のための生産活動にとっての有用性から評価する様式を支配的なものとする。エーリッヒ・フロムは、そのような様式を「もつ様式（to have）」と呼んだ。その様式の下では、労働者が獲得する労働能力は、資本の目的の側から評価される。そして資本の目的にとってより有用な労働力を選抜し、有用性の低い労働力は雇用から排除しようとする。そういう資本主義的労働力市場は、労働者に、自らの労働能力（学力）の価値は資本の求める能力であり、かつ他者と比較して優れたものであること（競争に勝つこと）で証明されると考えさせるようになる。そして企業に雇用されるために、自己の所有する（have）学力や労働能力を磨かせる。フロムは、その様式に対して、「ある様式（to be）」こそが、人間の自己実現のために対置されるべきであると考えた。そもそも人間の価値は、その人間が存在していることそのものに依拠しており、その個の存在の独自性、個の尊厳、他者とともに生きる共同的で社会的な人間的本質の実現こそが、人間にとっての根本的目的であると把握した。その様式からすれば、人間が獲得する能力や学力は、絶えずその「ある様式」を実現する力として機能するべきものであり、したがってその力が他者と比較して優れているか劣っているかにかかわらず、その能力に依拠して自己の目的を実現するほかない固有の力として、かけがえのないものとなるという考え方を提起した。私たちが土台に据えなければならない能力や学力の価値は、なによりもこの「ある様式」においてこそ、捉えなければならない（エーリッヒ・フロム『生きるということ』佐野哲郎訳、紀伊國屋書店、1977年）。

労働者は、自己の所有物としての労働能力が、他者（資本）の目的の側から評価される仕組みの下で、資本の目的に合わせて自己の所有物を形成し、しかもその所有物の値打ちを他者（資本）の評価視点から競わされる。その結果、自己の存在そのものが、その所有物の評価によって規定されるに至る。すなわち存在自体が、もつ様式によって評価され、処遇されるに至り、自己の存在の意味そのものが見失なわれていく。どんなもの、どんな力を所有しているかが、人間の値打ちを決める様式となり、資本主義社会における物神崇拝、商品崇拝とも繋がっていく。

この事態に対抗して、全ての人間が自己の能力や学力の価値を自分にとってかけがえがない、愛おしいものとして把握することができるためには——すなわち「ある様式」において自分の能力や学力の意味を実現できるためには——、自分の能力や学力によって、実際に労働に参加し、生存権を実現するに値する賃金を得、自分の存在の目的（「ある様式」における自己の存在の目的）をその基盤の上に実現できるという関係性が、全ての人間に保障される必要がある。それは、単に資本の目的を実現する労働の時間だけを生きさせられることを超えて、自己の独自の目的を実現する自由な時間を保障されるということをも含んでいる。そのとき、全ての人間にとって、自分の学力や能力は、資本にとっての自己の労働の使用価値（剰余価値を生み出すという労働力の使用価値）を超えて、自分自身の存在の実現という目的を背負った、かけがえのないものとして認識されていくだろう。

学力競争が激しい中で、多くの子どもや若者が、他者との比較では「低い」とされる学力によって、自分を価値のないものと考え、希望を失ない、社会に必要のないものと考えさせられている事態に対して、いまこそ、この「ある様式」に土台をおいた自分の目的の回復、それを実現する自己の能力や学力のかけがえのなさについて認識を回復しなければならない。

3　知が人間社会に作用する二つの回路

「知識基盤社会」論は、生産力の発展と利潤の増大という視点から知の意味と役割を把握する。そしてその価値視点から知を評価し、推奨し、発展させようとする。さらにその一面化された視点から人間が獲得し発展させるべき知を方向づけるために、人間の能力や学力がもっている本来の全面性、創造性、主体性、批判性、変革性、共同性を奪っていく。

しかし人間の獲得する知識、真理認識の発展は、単に生産と労働の場だけから生まれるものではない。人間の実践は、生産と労働の場——経済的実践——に加えて、社会的共同のありように対する変革的実践——その最も意識化されたありようは政治的実践である——としても遂行される。知は、その両方を含む多様な変革的実践を構想する作用をもつ。しかし「知識基盤社会」論は、生産——現実態としては資本主義的生産——に応用される知に焦点を当て、社会の共同のありようの変革にたいする認識（知）の発展という回路を機能させることを拒否しようとする。それは、人類の実践を、資本主義的生産の上での競争的経済活動の中に閉じ込めようとするものである。

そのことの意味を明確に捉えるためには、知が人間社会に働きかける二つの回路があるということをあらためて意識することが必要となる。第一の回路は、経済的生産力の増大に働き作用する回路、直接的生産過程に知が組み込まれる回路である。そしてその回路は現代においては資本主義的生産の基盤の上で機能している。その回路においては、知の力は生産手段を私有する資本の力として取得され、実現される。それは相対的剰余価値や特別剰余価値を資本にもたらすことを通して、資本の利潤を増大させる。もちろんそのことは、人間社会に物的な豊かさをもたらす可能性をも作り出す。経済競争の中で、労働者に求められる知は、基本的にこの回路において働くものと把握される。経済的生産の場から求められる能力（コンピテンシー）として提示される。「知識基盤社会」対応の能力は基本的にこの種の能力が中心となる。そこには確かに創造力や応用力が要求されているが、それは基本的には資本の剰余価値の増大という目的の内部に閉じ込められている。もちろん、その最先端の開発を担う開発労働には、高度の創造性や新しい発見力が求められる。しかし大半の人材力としては、獲得された科学的な成果――それは客観的な科学知が中心となる――を理解し、応用し、使いこなすスキルに傾斜する。そして学力競争が労働力市場におけるサバイバル競争の上で展開していく状況においては、学校で獲得される知（学力）も、この回路において働く知へと一面化されていく。

しかし知が人間社会に働くもう一つの回路がある。それは、人間社会の共同性をいかに実現していくかに直接関わる知に関するものである。社会の仕組み、社会制度のあり方、法や規範のあり方、人と人との関係のありよう、自治や政治のありよう、国家と国家の関係、等々に関わる知である。これらの知はどのような回路を経て、社会のありようを作り出していくのだろうか。それは公共的な議論の場を介して検討され、吟味され、合意され、社会のありようへと具体化されていく。そのプロセスの中心には表現とコミュニケィション、自治と政治という活動があり、それらの全体の過程を民主主義と公共性という方法的な価値が貫いている。もちろん、そういうふうに言うことができるのは、人類が市民革命を経て民主主義的な国民主権の政治を確立したからである。この回路においては、どの知が、どういう判断が正しいのか、望ましいのかは、人間の個々人の価値的判断からは独立した科学的な手続き（実験や実証）に依拠して決定するということは困難であり、まさに民主主義と公共性という方法と場が形成されることが不可欠となる。この場で働く知の回路の最も本質的な特質は、一人ひとりが対等な判断主体として討議と合意の場に登場しなければならないということにある。それは人間存在の根源的な平等性、対等性が提出する正義である。ＡＩなどによって先端的に開発された知にその思考や判断を委譲するというようなことは不可能であり、個々人の知や価値判断の対等性が前提となって、合意が形成されていくのである。そしてそこでは全ての人間の学力――それに基づく判断――が、その能力の高い低いというような評価基準など全く成立し得ない中で、個々人の存在の意味を担い、固有の意味と価値を担って、まさにその固有の存在を実現していく力として機能するのである。そしてこの回路で働く知が、人間にとっての教養の中核となっていくのである。

本来、知は、人類社会を作り出していく力として、この二つの回路を通して、異なった仕方で機能してきたと言うことができる。しかし、第一の回路——生産力の高度化という回路——を通した知の作用に焦点が当てられ、その回路に働く知の力が資本に占有され、第二の回路が機能不全に陥らされつつあるという大きな歪みが出現しているのである。「知識基盤社会」論は、この第一の回路で機能する知に焦点化した未来構想として提示されているのである。とするなら、私たちが未来を構想するためには、この二つの知の回路を、共に働かせるような知のありよう、学校教育のありよう、人間の学力のありようを対置しなければならない。

「知識基盤社会」論の批判的検討は、これらの問題をあらためて議論することから、進められていく必要がある。

第1章　「知識基盤社会」とはなにか

――「知識資本主義」論の検討

知識基盤社会、知識資本主義、情報資本主義、知識社会――これらの言葉が、現代の経済や社会の特徴を示す概念として広く使用されてきている。さらにあと10年もすれば、今日とは大きく異なった社会の様相が、誰の目にも見えるようになるものとして、語られつつある。しかしそれは、一体どの様な変化なのだろうか。教育学分野においては、「知識基盤社会」という概念が、あたかも不可避の歴史的傾向として、いわば自然史的傾向として進行しつつあり、これに対処する人材育成、学力の形成を進めなければ日本社会が取り残されてしまう、世界の経済競争に追いつけないというようなメッセージを伴って、受容されつつあるように思われる。しかし、そのような表面的な理解では、現在進行しつつある経済的変化が持つ意味、それが人間の能力や学力、公教育のあり方に対してどういう新たな問題を提起するものであるのかを明確に捉えることはできない。この章では、「知識基盤社会」という言葉の土台にある経済的生産の変化との関係を検討してみたい。

(一)「知識資本主義」論の検討

最初に、結論として述べておくならば、「知識基盤社会」とは、現代のグローバルな資本主義経済の展開の中において、経済競争において、「『知識』が利益の源泉となる構図」(注1)を持った競争の時代が出現したことに対して、グローバル資本とそれを支援する国家が、利潤獲得戦略の組み替えの必要から作り出した概念であると捉えることができる。その点ではまず、現代のグローバルな資本主義経済の仕組みの特質と結びつけて、その本質を捉えなければならない。

「知識基盤型経済とは、資源や資本設備といった物的資本（physical capital）に代わり、知識（knowledge）や人的資本（human capital）といった無形資産（intangible asset）が、経済成長や社会の発展の上で主要な役割を果たすようになる資本主義の発展段階と定義される（Burton-Jones）」（注2）

この規定に依拠するならば、まず、資本主義と知識・技術との関係が、どのように発展してきたか、そしてそれがどのような段階に到達しているのかを検討しなければならない。最初に、このテーマを展開した3人の論者の論理をたどってみよう。

1　P・F・ドラッカーの「知識経済への移行」という認識

ドラッカーは、1969年（原著発行年）の『断絶の時代』（上田惇生訳、ダイヤモンド社、2007年）において、「知識経済への移行」を指摘し、その変化が持つ重要性を捉えていた。そこでは、「知識が生産的な存在になった」ことを述べていた。彼はこの変化の中に、肉体労働＝未熟練労働者の衰退の「危機」を見る。それは次のような論理で捉えられている。

「……知識経済に向けての最も重要な一歩は、19世紀末のフレデリック・テイラーによる肉体労働の知識への体系的な適用、すなわち科学的管理法だった。」「未熟練労働者は、仕事に知識を適用することの恩恵を最初に享受した。科学的管理法は仕事を半熟練化し、かれらの生産性を向上させた。技能は、人ではなく仕事に組み込まれた。史上初めて、未熟練労働に対し、生産者としての賃金を払えるようになった。20世紀の前半における未熟練労働者ほど、社会的地位と力を急速に向上させた階層はいない。……／ところがこれからは、仕事への知識の適用が未熟練労働者を昔の社会的地位に追い落とす。所得の高さや職場の安定とは関わりなく、その地位は急速に失われる。労働組合の力も弱まる。／……かれらにとっては、あらゆる変化が脅威となる。それゆえ、あらゆるものに対する反対者、障害物、反動となるしかない。……／変化に対応できる者には、知識労働者になるよう手立てを講ずるべきである。……／雇用主たる者には、知識労働への移行を前にして、今日の未熟練労働者の将来を考える責任がある。」(294―307頁)

ここではドラッカーは、「いまや知識が中心的な生産要素になった」(273頁)結果、知識を持たない労働者群(未熟練労働者)が社会的に没落するという危機を指摘している。彼は、この本でも、「(知識労働者は)プロレタリアでないことはもちろん肉体労働者でもない」(284頁)、「今日の知識労働は、真の意味での資本家である……」(285頁)などとも述べているが、その本格的な展開はここではなされていない。そして来たるべき知識経済への移行が「教育革命」を必然の課題とするという結論を導き出すにとどまっている。

ドラッカーは、1993年（原著発行年）の『ポスト資本主義社会』（上田惇生訳、ダイヤモンド社、2007年）において、その議論を幾分か発展させている。

「基本的な経済資源すなわち経済用語でいうところの生産手段は、もはや資本でも、天然資源でも、労働でもない。それは知識である。／富の創出の中心は、古典派経済学、マルクス経済学、ケインズ経済学、新古典派経済学など19世紀と20世紀の経済学における二つの柱、すなわち資本と労働の生産的使用への配賦ではなくなる。今や知識の仕事への応用たる『生産性』と『イノベーション』によって、価値は創出される。／知識社会における最も重要な社会的勢力は、知識労働者となる。資本家が資本の生産的使用への配賦の方法を知っていたように、知識の生産的使用への配賦の方法を知っているのは、知識経営者であり、知識専門家であり、知識従業員である。しかも、かれら知識労働者のほとんど全てが、組織によって雇用されている。／だが彼らは、資本主義社会における従業員とは異なる。彼らは自ら生産要素と生産手段を所有する。……」（10頁）

ここには、知識資本主義、ポスト資本主義という生産システムが、人間労働による価値生産という段階を超えて、知の生産への適用・応用による価値の生産――すなわち知による富（価値）の生産――という新しい段階の仕組みであるとの主張がなされている。そしてその結果、一般の労働者（彼の言う「未熟練労働者」、「サービス労働者」）は、十分に富の配分を受けられない事態が来るとする。

「他方、ポスト資本主義社会における社会的な課題は、ポスト資本主義社会の第二の階級たる人々、すなわちサービス労働者の尊厳に関わる問題である。サービス労働者には、一般に、知識労働者となるうえで必要な知識が欠けている。しかしあらゆる先進国において、しかも最も進んだ先進国においてさえ、多数派は彼らサービス労働者である。」（11頁）

もし、彼の言うように、「知識経済」が、従来の資本主義社会における労働による価値の生産とその配分、そしてそれに関わってきた労働者の権利を土台とした社会の仕組みを揺るがす論理の土俵を据えるものであるならば、その点についての慎重な検討を要するであろう（この論点についての検討は第3章で行なう）。

2 ロバート・ライシュの『ザ・ワーク・オブ・ネーションズ――21世紀資本主義のイメージ』

現実のよりリアルな分析に依拠して、知識資本主義と呼ばれる変化の実態と論理を展開したものとして、ロバート・B・ライシュの『ザ・ワーク・オブ・ネーションズ――21世紀資本主義のイメージ』（中谷巌訳、ダイヤモンド社、1991年、原著発行年は1991年3月）がある。ライシュは、グローバルな競争構造が出現した由来と、その変化について、次のように説得的に描写している。

(1)グローバルな競争が展開する中で、実際にモノを大量生産するという製造プロセスが、限度のない競争圧力にさらされ、その部分における利潤の獲得は高賃金となった先進国では次第に困難になる。その結果、それらの工場生産部門は賃金や土地等が安価な低開発国へとシフトされていく。そして先進国のグローバル資本は、商品製造部門を低開発国へとシフトさせ、より低賃金による生産を追求しつつ、「高い価値を生む三つの技能」を行使した利潤の獲得へと競争戦略をシフトしていく。

(2)それは、①「物事を独自な方法で組み立てることが要求される問題解決の技能」、②「顧客のニーズ」にあわせてどう「製品の仕様を変更すれば良いのかを決定できる技能」、③「問題解決者と問題発見者を結びつけるために必要とされる技能」であり、それを担うのは、「問題解決者」、「問題発見者」、「戦略的媒介者」であるとする。

(3)この三者を結合するのは、従来型のピラミッド型企業システムではなく、「クモの巣のような企業組織網」（グローバル・ウェブ）であるととらえる。

(4)その結果、以下のような「パターン」が成立する。

「大規模で標準化された生産は主として低賃金の国々に移行している……。逆に高付加価値生産の問題解決、問題発見、戦略的媒介は、有益な洞察が見出される地域なら世界のどこででも行われるようになっている。したがって、高付加価値型のグローバル企業はその洞察力をお互いに結合し、大量の標準化された製品がどこででも生産できるように、世界中の技能を持たない人々と技能を持つ人々とを、国際的なパートナー契約によって結びつけるまでに発展している。」(179―180頁)

(5)この「グローバル・ウェブ」を組み込んだグローバル企業は、もはや単一の国家に所属するのではなくなる。高付加価値に結びつく問題解決、問題発見、戦略的媒介を担う者は、世界中から調達され、「したがってアメリカ経済の強さがアメリカ経済の収益性と生産性と同義であるとする理屈はもはや、時代錯誤」(同前183頁)である。だからもはや「企業の国籍を議論するのは無意味」(188頁)だとする。国民経済の枠組みとは異なるグローバル経済の枠組みが生まれたと捉える。

(6)このような「地球経済」の下で、「3つの大まかな職種区分が生まれつつある」。それは①「ルーティン・プロダクション(生産)・サービス」、②「インパースン(対人)・サービス」、③「シンボリック・アナリスティック(シンボル分析的)・サービス」(241頁)である。「シンボリック・アナリスト」は問題解決、問題発見、戦略的媒介を担う者である。

(7)その結果、「アメリカ人の(一国の国民の―引用者注)生活水準を決める要素は次第に、企業、産業、あるいは国民経済といった経済主体の成功いかんではなくなり、むしろアメリカ人が(より一般的には「一国の国民が」―引用者注)する仕事自体に移りつつある」(271頁)とする。ここには、「シンボリック・アナリスト」自身が、企業から自律性をもち、グローバル・ウェブに依拠して利潤を獲得するという論理が展開されている。だからこの「シンボリック・アナリスト」の育成こそが、国家戦略にならなければならない。アメリカで貧富の差が広がるのは、「ルーティン・プロダクション・サービス」に従事するアメリカ人の賃金が、開発途上国との競争で、低化するからだとする。

(8)シンボリック・アナリストの養成を目指す教育は「4つの基礎的技能の習得」――「抽象化（アブストラクション）」、「体系的思考（システム・シンキング）」、「実験（エクスペリメンテーション）」、「共同作業（コラボレーション）」である（315頁）。

ライシュは、このような社会においては、コスモポリタン化する「シンボリック・アナリスト」が、格差・貧困にさらされる「ルーティン・ワーカー」への共感力を失っていく中で、社会分裂の危機が進行する危険を予測し、「積極的ナショナリズム」をも提起する。ライシュは、自己の規定からするならば、シンボリック・アナリストは国家を超えたコスモポリタンな性格を持ち、国民経済のいかんと自己の豊かさとは無関係になるのであり、マニュアル労働、サービス労働に従事する人々の貧困への関心を喪失してしまうのではないかと社会分裂への危機感を抱いている。それは、グローバル資本が、国民国家の国民の雇用保障や生存権保障への関心を喪失していく動向と重なっている。しかし以下の問いかけでこの本は終わっている。

「われわれが向かっている方向は非常にはっきりしている。すでに進行中のトレンドに基づいて未来が予測されてよいものなら、自由放任のコスモポリタン主義がアメリカを支配する政治経済哲学となることは間違いない。今までの展開がそのまま放置されれば、世界的な労働の分化は、国と国との間に富の巨大な格差を生むばかりではなく、グローバルな意味での勝者が不均等拡大の趨勢——国の内外を問わない——を逆転させるために、自ら進んでなにかをしようという気力を減退させるだろう。このゲームで切り札のほとんどを握っているシンボリック・アナリストは、『勝利』を確信して当然である。だが、敗者たちはどうなるのか。」（430頁）

ライシュの描く構図からは、知識資本主義といわれるものが、グローバル資本の世界戦略と一体のものであることが浮かび上がってくる。グローバル資本の戦略においては、工場における商品の生産では、徹底した低賃金を追求する。そのために国境を越えて資源や労働力を求め、最も有利な場に生産拠点を移し、そこに世界最高水準の技術を注ぎ込み、大規模生産を行なう。その低価格生産競争に後発諸国がより広く巻き込まれていけばいくほど、低賃金が世界の周辺国に深く埋め込まれていく。同時に先進国における商品生産もまた周辺における低価格生産競争の圧力を受けて、工場労働者には低賃金化の圧力が及ぼされる。したがって、グローバル資本の主たる利潤獲得戦略は、①海外への工場移転やアウトソーシングなどを駆使した商品の工場生産コストの削減と、②この商品生産に付加価値をつける技術開発、ブランド戦略などを担当する知的労働の獲得、高度な戦略的管理能力を持った、まさに「シンボリック・アナリスト」の確保、という二本柱となる。そしてそれは日本のような先進国においては、高度の知的能力を持った人材の確保と、一般の商品生産やサービス労働の可能な限りの低賃金化、という形をとることとなる。

3　アラン・バートン＝ジョーンズの「知識資本主義」

ジョーンズは、『知識資本主義――ビジネス、就労、学習の意味が根本から変わる』（野中郁次郎監訳、有賀裕子訳、日本経済新聞出版社、2001年、原著発行年は1999年）で、「私たちは誰もが、少なくとも自分自身の頭脳、すなわち知識資本の所有者であ」り、「私たち全員が知識資本主義者といえる」とし、「知識を核とする組織と、（労働ではなく）知識の供給を基盤とする新しいモデル」を提出し、「企業の所有形態が変容すること、従業員や企業所有者、投資家がそうした新しい所有形態に適応しなければならない」と主張する（6―7頁）。彼の論理をおってみよう。

(1)出発点は、「知識は企業にとって中核的な生産資源となる」という点にある。留意しておくべきは、知識には、「一般に普及型の技術を用いて蓄積や処理、伝達することができる」「形式知」と、あくまで個別の人間の頭脳と結びついた「暗黙知」とがあり、「『暗黙知』だけが企業に持続的な競争優位をもたらす」（61頁）(注3)、とする。

(2)知的人材を確保することが最も重要な企業戦略となる。そして、「中核的な知識労働者は企業の主要な資産と位置づけられ、……どう管理するか、どう流出を防ぐか、……といった……問題が新たに浮上する……」。そして「こうした脅威に対処すべく、貴重な人的資産の内部化が一層進む……」

（74頁）一方、代替可能な知識労働については、外部化、アウトソーシング、などが進む。

(3)その結果、全体としては、「不熟練労働に対する需要が急速にしぼむ一方、技能や知識に対する需要は急増し、『労働の供給』よりもむしろ『知識の供給』が重要課題として急浮上」（100頁）する。そして雇用契約は、関係的契約（一定期間の労働時間を基本とする雇用関係を結ぶ契約を指す——筆者注）から取引的契約（ある仕事の請負契約など、産出＝生産量に基づく契約）へ変化し、「大勢として産出（結果）に基づいた報酬が比重を高め、それ以外の基準による評価はあまり重要でなくな」（92頁）っていく。「暗黙の保障や約束を伴うような契約を敬遠」し、「雇用契約の重要性は低下し続け、これまで関係的だった労使関係は明示的かつ取引的な性格を強める」（94頁）とする。

(4)その結果、以下のような関係が生まれるとする（一部分を略してある）。

・市場を介した労働契約が増え、そのあおりを受けて雇用契約が減る。
・契約書には詳細な条件が記載されるようになり、雇用契約は取引的な性格を強める。暗黙の約束事は減り、投入よりも産出や実績が重視されるようになる。
・長期的には核となる知識労働者だけが、フルタイムで直接雇用されるようになり、彼らによる企業の所有が進むようになる。
・周辺グループでは、時の経過と共にフルタイム社員が減少する。……周辺グループが担っている機能のほとんどは、オートメーション化されるか外部化される。

・自由契約社員の数は短期的に右肩上がりを示し、代わりにフルタイム社員が減少するが、その後、自由契約社員は少しずつ、人材供給サービスやアウトソーシングサービスを提供する外部の仲介サービス業者に職を奪われるようになる。

(5)そして企業の性格は以下のように変化するとされる。

「企業活動の本質が変わり、知識ベース企業への脱皮が進んでいることから、主従関係を前提にした指揮命令体系やコントロール体系は有効性を失いつつある。官僚的な階層制構造を特徴とする古い組織に代わって、階層の少ないフラットな構造が当たり前になり、労働者の技能レベルは次第に均一化するだろう。核となる知識労働者が知識を統合して革新的な製品やサービスを生み出せるかどうかが、ますます企業業績を左右するようになり、主要な知識労働者間の相互依存関係は強まっていくだろう。そうした環境下で、従属的な仕事はオートメーション化されるか、外部化されていくため、上司と部下といった従属的な関係は徐々に消え、対等な関係に置き換わっていく。」(99頁)

(6)労働者には次のような課題が与えられる。

「周辺グループに属するフルタイム正社員の大多数や自由契約社員は、人材派遣会社や契約企業を通して仕事を探すことを考えるべきだ。そして、働く、学ぶ、充電する、というさまざまなモードを頻繁に切り替える『プロジェクトベースで働く』といったワークスタイルになれなければならない。また自分自身を律して目的意識を持つことによって、高い独立性を確保しなければならない。つまり、ほとんどの人が、新たな技能を身につけたり、腕を磨いたりしなければならないということだ。」（１７０頁）

このジョーンズの「知識資本主義」の論理構造を読み取りつつ、今日本で生じている労働の様態の変化そのものが描き出されているという感覚を抱いた。確かに彼の描く企業のユートピア的なイメージは現実とそぐわない面があるとしても——たとえば知識労働者による企業の所有——、企業の利潤獲得戦略による労働者雇用の変化の様相が、リアルに、ある意味で論理的に、したがって必然の傾向として、描き出されているといえよう。重複するが、それをあらためて挙げておこう。

(1)企業の利潤獲得にとっては新しい知の開発こそが重要であり、「技能や知識に対する需要は急増し、『労働の供給』よりもむしろ『知識の供給』が重要課題として急浮上」する。

(2)中核的な知識労働者は企業の主要な資産と位置づけられ、代替可能な労働、周辺的労働は外部化され、縮小していく。その結果、「暗黙の保障や約束を伴うような契約を敬遠」し、「雇用契約の重要性は低下し」、「市場を介した労働契約が増え、そのあおりを受けて雇用契約が減る。」(3)「主要な知識労働者間の相互依存関係」が強まり、長期的には核となる知識労働者だけがフルタイムで直接雇用されるようになり、彼らによる企業の所有が進む。(4)「周辺グループに属するフルタイム正社員の大多数や自由契約社員は、人材派遣会社や契約企業を通して仕事を探」すようになり、「働く、学ぶ、充電する、というさまざまなモードを頻繁に切り替える『プロジェクトベースで働く』といったワークスタイル」が求められる。

ジョーンズの描き出した「知識資本主義」は、現代のグローバル企業の戦略が、大きく資本と労働の関係構造を改変するものであることを捉えている。ジョーンズは、その歴史的変化を受け入れて企業は戦略を立てること、労働組合運動もこの変化を受け入れ、いたずらに資本と労働の対立を煽るような方針を捨てるようにと勧め、その変化を必然として受け入れることを推奨するのである。

ジョーンズの描く未来生産の構図では、優秀な知識労働者のネットワークのような主体が、資本そのものをも所有して、世界市場を支配していくかのように描かれている。彼はそれを資本主義の現代的な展開の延長、グローバル化段階の必然的な展開構造として把握しているのか、それとも、資本が知識（知識労働者）と結合することによって、「知識資本主義」というあらたな階級構造をもった生産構造に移行すると考えているのか、その点は必ずしも明確ではない。

（二）「知識資本主義」論の批判

以上三人の論者の主張の大枠を紹介してきた。それらの議論がグローバル化した現代資本主義のある一面を鋭く捉えていることは否定できない。しかし現代の労働の賃金格差の拡大や、不安定雇用の拡大の動向をはたしてこれらの主張のように歴史的必然として受容すべきなのだろうか。

1　知識が価値を生み出すのか

検討してきたような情報資本主義論、あるいは知識基盤社会論の第一の検討すべき論点は、知識が人間労働に変わって価値を生み出すという論理である。したがってまたそこから、知的能力の形成、獲得が経済競争にとって決定的な意味を持ち、だから知力（学力）のない人間は、価値の少ない労働力商品だという差別の論理も生み出される。

しかし労働価値説に立てば、利潤の源泉は、人間の労働そのものにある。労働力が資本によって「購入」され、労働が行われることで価値が創造され、その価値は商品に移転される。そしてその価値は、商品を市場で販売することによって回収される。その価値は、その労働力の再生産に必要な労働力の価値（賃金として労働者に支払われる価値）と、それを超える部分（剰余価値）とで構成される。その剰余価値部分が資本によって取得（収奪）される。投下した資本に対してどれだけの利潤（剰余価値）が獲得されるかが資本の利潤率となり、その社会的な平均が資本全体の平均利潤率となる。その結果、あたかも資本自身が利潤を生み出すかのように意識の上での転倒が起こるとしても、価値を生み出すのは人間の労働そのものである。

ところが、ライシュも指摘するように、開発途上国の低賃金などに依拠して大量の商品生産が遂行されることで、その部門の商品生産をその企業が立地する先進国内で行なうことは競争力を喪失し、先進国企業の利潤獲得は、競争力で圧倒的な優位に立つ知的領域（管理、新商品開発、技術開発、デザイン、情報操作、そして販売市場戦略等々）に依拠するようになる。それは、決して「ルーティン・プロダクション」が価値を生み出さなくなったということではない。先進国内において展開される知や技術開発労働によって市場競争力の高い商品開発を行ない、実際の生産は開発途上国などで行ない、そこで行なわれる労働によって生み出される価値（剰余価値）を極度に収奪し――その方法は極度の低賃金を押しつけたり、劣悪な労働環境で働かせたりすることを含んで――、グローバルな商品販売競争に勝利することで、膨大な利潤を実現するのである。そしてその利潤のもとをなしているのは、高度な生産力に依拠して商品を直接的労働過程で生産した国内外の労働者が生み出した剰余価値なのである。もちろん、先進国内で行われる商品開発等の知的労働もその商品の生産の一部をなしている。この事態に対しては、以下の指摘が妥当する。

「技術革新、グローバル化、規制緩和が、企業間競争を激化させ、競争が企業にコストダウンを迫ったことへの対応として、製造現場は、より賃金の安い地域に移動する。国内に残る製造工程は、低価格低コストの海外製品との競争圧力によって、人員整理と賃金カットを余儀なくされるのである。付加価値源泉や競争力源泉は、知識労働者に移ったというよりも、むしろ、海外へのアウトソーシングによって、国内には企画、開発、デザイン、ブランド管理などの知識労働部門しか残らなかったのである。安い労働力を使う製造工程は、依然としていまでも多国籍企業の競争要因であり、本国に残った製造工程に対する競争圧力である。」(注4)

したがって、ここで重要なことは、一般の先進国内の工場労働が価値を生産しなくなったということではなく、逆にそれらを発展途上国に移転することによって、そこにおけるぎりぎりの低賃金や、さまざまな社会的費用の軽減――たとえば公害規制の緩さ、企業誘致の優遇措置などによる費用の軽減、減税措置等々――などで、発展途上国の労働者からの強度の搾取と、発展途上国の富の不当な収奪で、剰余価値を増大させているのである。

しかしそれは、どのグローバル資本も等しく行なっていることであり、その点だけではグローバル企業間の競争ではもはや優越性を生み出すことはできない。他の企業との競争力を差異化する要因――特別剰余価値（この概念については第3章参照）をもたらす要因――としては、知と技術の開発の差が決定的となる。すなわち、競争力の最も重要な源泉は、「シンボリック・アナリスト」による知と技術開発となるのである。その結果、「知財＞工業品＞農産物という不等式が一般化し、それは知財を持つ先進国に富を集中させ、物作りの拠点、『世界の工場』では逆に低賃金と低収入に呻吟する」(注5)状況を生み出してしまうのである。しかし、本質的に見れば、「知識労働は、最終的には肉体労働の成果と結合されて初めて価値を形成する。変化したのは、知識労働と肉体労働との間の成果の分配率」(注6)なのである。そして「知的財」こそが多くの利潤を生み出すかに見えるのは、後で検討するように、それが「特別剰余価値」をもたらし、また知と情報技術による価値の付加と増殖――独占的新商品の開発による市場独占、情報ネットシステムのプラットフォームの独占、情報商品の無限のコピー、ビッグデータの独占的蓄積など――が莫大な利潤をグローバル企業にもたらし、そのことが知識があたかも利潤をもたらすように現象するからにほかならない。そして先進諸国と先進グローバル企業が、「知識」「技術」においてほとんど独占に近い圧倒的優位にあることがますます、グローバル資本に富を集中・集積させているのである。

本来は、知識・技術が生産・労働過程に導入されるならば、一般の商品生産のための工場労働においても生産性が向上し、労働力の生産性が向上するのである。そして労働力の生産力が向上すれば、剰余価値が増大し、そのことは資本により多額の剰余価値を与えるとともに、ドラッカーの指摘にもあるように――「未熟練労働者は、仕事に知識を適用することの恩恵を最初に享受した。科学的管理法は仕事を半熟練化し、かれらの生産性を向上させた。技能は、人ではなく仕事に組み込まれた。史上初めて、未熟練労働に対し、生産者としての賃金を払えるようになった」――、今日においても、労働者の賃金を向上させ、労働時間を短縮させ、より豊かな生活を実現する可能性をも生み出す。しかし、それはあくまで可能性にとどまり、それを現実化するのは、資本に対する労働のたたかい、あるいは議会制民主主義の下での国民主権政治による資本への統制（規制）――要するに富の再配分をめぐる社会的対抗――なのである。

2　知識と資本の関係について

ドラッカーやジョーンズの理論においては、知が、それ自体として価値を増殖する「資本」であるかのように描き出されている。労働者が所有している知的能力、あるいは知そのものを「資本」として把握するという考え方である。ドラッカーは次のように述べている。

「知識労働者とは新種の資本家である。なぜならば、知識こそが知識社会と知識経済における主たる生産手段、すなわち資本だからである。今日では主たる生産手段の所有者は知識労働者である。知識労働者は、旧来の意味においても資本家である。」（ドラッカー『ネクスト・ソサイエティー――歴史が見たことのない未来がはじまる』上田惇生訳、ダイヤモンド社、2002年、21頁）

しかし知や技術は、直接的生産過程に組み込まれるとき、すなわち資本（生産手段）と結合されるとき、生産力を高めるものとして初めて直接に生産に関わるものとなる。すなわち、知そのものは資本ではなく、資本と結合されることで、あるいは労働能力を高めることで、生産性を高めるのである。

たまたま技術開発者が優れた技術を開発して、それを応用した起業家として資本を調達して資本家になるとしても、彼は、資本を獲得した段階で初めて資本家となるのである。そして彼が資本家となることで、彼の開発した知もまた、資本の下に包摂され、資本の力となって、はじめて生産力を高め、利潤をもたらす力として働くことができる。知識労働者（知識の所有者）は、その知識を労働力の一部分に含んで資本家に売る——高く売る——こと、あるいは自らが開発した知や技術を「商品」として資本に売ることができるとしても、価値を増殖する資本としての機能をその知の所有者や、知それ自体が保持しているわけではない。もちろん、労働力は可変資本に買われることによって、資本の価値増殖過程を機能させ、その限りでは、資本の現実的な姿（可変資本という姿）として現われる。

しかし当然のことながら労働者は自己の所有する労働力や知を資本として、そこから利潤を引き出す資本家になるわけではない。資本は労働者から価値（剰余価値）を奪い取り、労働者は剰余労働分の価値（実際に支出した労働の価値から労働力の価値を差し引いたもの）を奪われるのである。労働力は価値を生み出すことができる唯一の商品であるとしても、それは資本に買われて機能させられる条件の下でのみ、資本を利潤を生み出す資本として機能させることができるのである。労働力は、労働者の所有物にとどまる限りでは資本としての機能は持たないのである。

それらのことをあわせて考えれば、「……知識資本とは、直接に知識を創造したり、実現したりする活動に従事する知識労働者をさすものではなく、その本質からすれば、そうした労働者を雇用して企業の目的に沿って使用して、なんらかの知識の成果物——モノなりサービスなり——を得て、利益を獲得しようとする『知識取り扱い資本』のこと」[注7]と把握するのが正しいと言うべきだろう。

新自由主義の論理の下では、労働者を、労働力という資本（労働力資本）をもった資本家、経営者として把握し、その論理の下で、労働力市場へ自らの「資本」を投入して、利潤をそこから引き出す経営主体（自己責任主体）として把握するという論理が主張されることがある。しかしそれは、労働力が経済的価値を生み出すためには、資本によって雇用され、そこで生み出す剰余価値を資本が取得（搾取）し、労働者は労働力の価値（労働力の再生産に必要な価値）のみを受け取るという資本主義の基本的な性格からすれば、全く説明不可能な論理である。

また、知識・情報は商品となることはできる。しかし本来、知識は、社会的な共有物であり、かつ多くの人々に分かち合うことが可能で、そのことによって個人の分け前が縮小したり減少したりするものではない（社会的共有財）。むしろ本来知識は、より多くの人々に所有され、より多くの生産過程に応用されればされるほど、その力を発揮し、より多くの富を生産することに寄与するものである。それがどうして商品という姿を取ることができるのか。それは次のように説明されている。

「知識は集団的に生産された共通資源であって、商業的と非商業的とを問わず、多様な時間的次元と多様な脈絡において個人的・組織的・集団的学習を基礎としている。知識は本来、希少なものではないから（古典派経済学の視点からすると非競合財）、それが商品形態を帯びうるのは、人為的に希少なものとされ、その取得方法が（ロイヤリティ、ライセンス料などの支払い形態で）支払いを伴うものとされるかぎりにおいてのことである。したがって、知識が商品となりうるには、社会組織の深い再編が求められることになる。」[注8]（傍点引用者）

これらのことを踏まえれば、「『知識労働者』は、情報資本主義の生産力源泉であるとしても、存在しただけでは、利潤の源泉とはならない。『知識労働者』を資本の下に実質的に包摂する方法が見いだされなければならない」[注9]。すなわち「そうした新たな利益の源泉を国家や企業の利益として内部化しようとする試み」が不可欠となる。それは「すなわち、権利関係や所有関係が曖昧であったさまざまなモノ、情報、データ、イメージ、アイデアなどが『カネのなる木』として、『知財』という名のもとに、所有者を明確にした財産へと組み込まれていく過程である」[注10]。

ライシュ等の議論は、「グローバル・ウェブ」によって結合された「シンボリック・アナリスト」自体が価値を生み出すかのように捉えているところがあるが、グローバル企業（すなわち資本）こそがそのウェブを組織し、「ルーティーン・ワーク」と「シンボリック・アナリスティック・ワーク」とを結合して、この両方の労働に依拠して利潤を獲得しているのである。さらにまた、本来は公共的なもの（非競合財で、無償で提供されるべき物）であるべき「知」それ自体を独占し、その「使用料」から膨大な利潤を取得しているのであると考えられる（この問題の経済学的な性格については、第3章で検討する）。

しかし、資本による知の「私有化」が一定可能だとしても、労働者の頭脳そのものの「私有」は、一時的なものであり、その養成も含んで、高度な知的能力を確保することは、個別資本にとっては限界がある。また「競争力」のある「頭脳（労働者）」は、資本からの自律性も高い。企業による「知識労働者」の「私有（＝雇用）」のために高額な賃金を支払うとしても、個別資本による知識労働者の養成と確保には限界がある。その矛盾に対処するためには、長期的な視野に立った国家的人材養成戦略がグローバル資本にとっては死活的な意味を持つことになる。ここに「知識資本主義」社会に即した人的資本養成政策としての国家的教育戦略、人材養成戦略、科学技術開発政策が不可欠なものとして求められる。国家としての教育政策に「知識基盤社会」論が登場する必然性がここにある。

(三)「知識基盤社会」論の批判的検討の課題

今まで論じてきたことからも明確なように、「知識基盤社会」とは経済的に見れば、グローバル資本が圧倒的な利潤を獲得して世界に格差、貧困を拡大し、国内においても、この知識基盤型経済に貢献度が高い「知識労働者」の「勝利」と「ルーティーン・ワーク」に従事する労働者の貧困化が進む社会であることが分かる。さらにはグローバル戦略に組み込まれた「地域」とそこから排除された地域、あるいはその戦略に組み込まれるがゆえに低賃金と貧困化を強要される地域などの格差の構図をより一層推進する。また先進国における「シンボリック・アナリスト」の比重を高めることで、グローバル資本の利潤の増大化を図ろうとする戦略が展開する。それは、国民の生存権保障の視点から構築されてきた国民国家の経済システムの解体――その中心にある正規雇用の解体、低賃金化による格差・貧困の拡大の犠牲を伴いつつ――の上に、グローバル市場戦略を推進する新自由主義政策、その一環としての教育政策を根拠づける基本理念になっている。

「知識基盤社会」においては、「知」、「知財」は、あくまでグローバル資本の「ウェブ」に包摂されることで、その価値を発揮し、その利潤はグローバル資本によって「私的」、「独占的」に取得される。そこでは、「知識」「知財」の本来的な社会的共有資源、非競合財としての性格が否定され、そのことによって知の格差を理由とした人間の格差化と差別が進行するのである。

さらに子どもたちが知識を身につけ、学力を高める教育＝学習の営みも、共有の知を探求し、みんながそれを所有（共有）するためであるよりも、個別資本が競争に勝ち抜き独占的利潤を獲得するために、知的人材の独占、知の独占のための資本の戦略を支える営みとして組織され制度化されていく。そのために個人は、人材を調達する労働力市場において、自己の所有する知を評価される学力競争へと駆り立てられるのである。

以上のような性格を踏まえるならば、「知識基盤社会」論に次のような陥穽が存在することを指摘しなければならない。

第一に、その知は、資本が莫大な利潤を確保するための、すなわち個別企業の独占利潤を確保するための戦略の一環としての知識開発において捉えられているものである。したがって、そのような知を開発しこなせる学力、そのような学力をもった人材の開発は、まさにグローバル資本の競争戦略、世界戦略の意図の下に管理されたものとなる。

第二に、そのような人材の内容として把握された能力や学力は、社会が必要とする全体的な労働や生活の課題に向けられたものではなくなっていく。具体的には、地域社会、あるいは国家単位の社会の存続と維持にとって欠かせない第一次産業、第二次産業、そして各種のサービス労働（公務労働を含む）を担う大量の労働に対する積極的な位置づけや関心を欠いた規定とならざるを得ない。それはそもそも、利潤確保のためのグローバルな経済的価値の循環にのみ関心をもつために、その戦略からはずされた地域においては、そこで生活する人々全てに、生存権を保障するための価値の循環と配分を保障する生産の場、労働の場を維持することに関心をもたなくなっている。

第三に、それらの結果として、「知識基盤社会」が求める学力は、まさにグローバル資本の世界戦略と直接結びついた能力規定を受けることとなる。それは「ハイパー・メリトクラシー」[注11]型の学力と規定されるような性格をもつものであろう。それは、グローバル資本に不可欠な技術開発、企業経営、知的資産の創造に従事する知的上層階層の労働者に焦点化した人材規定であり、そしてそのような学力探究が、今日の教育改革を貫く中心的な目的と化している。しかしそれは資本の意図からして、一部の知的人材養成（エリートの養成）として実現されれば目的を果たすことができるものであり、全ての国民に対する学力要求として政策化されるものではなくなるだろう。そういう学力形成に必要な条件整備は、エリート養成コースにしか適用されないような差別的な公教育費配分とセットになり、結果としては一層大きな学力格差を生み出すこととなるだろう。

第四に、学力格差を生み出しつつ、同時にその規定が先進国での「正規労働」基準として設定されることで、その基準から脱落するものは、教育投資効果が低い労働力として評価されることになる。そのため、この基準「以下」の労働を価値の低いものとして位置づけ、工場の機械的労働に従事する者、ルーティーン・ワーク労働者、多くのサービス労働者は、低賃金で非正規な差別的な待遇を与えられることになる。

第五にそれは、グローバル資本の世界戦略に基づく労働能力要求であり、持続可能な地域をいかに作り出すかという今こそ求められる地域循環型社会、全ての住民の労働参加と生存権保障を可能とする地域社会を創造する構想への関心をもたない。それは、第一次産業や、ますます拡大する福祉労働やケアサービス、環境保持のための労働、地域循環型経済、伝統的地場産業の維持、地域生活を維持していくための各種の公務労働などをどう持続可能な社会の創造に向けて豊かに作り出していくか、その担い手に求められる専門性や地域理解、人間理解をどう高めるのか、そういう連帯型、協同型社会を担える共感力や表現力、道徳性をいかに育てるかという課題意識を欠落させている。

第六に、このようなグローバル資本とそれを推進する新自由主義国家の人材要求を反映して、全ての人間の労働、政治、生活への社会参加を推進する社会像がオミットされており、現代社会の主体、社会を創造し変革していく主体としての知的能力、人格形成の全体性に対応した教育が失なわれていく。このような歪みは、「知識基盤社会」の具体的な「能力」ハードルが国家的基準として教育政策にもち込まれ、その基準に基づく学力競争が組織され、加えて激しい就職競争が労働参入するために求められるために、より深刻なものとして拡大されつつある。

第七に、したがって「知識基盤社会」理念は、特別優れたマンパワーによってこそ強い社会が到来すると思わせ、衰退する地域を「離脱する」学力――かつての「村を捨てる学力」の現代版――こそ必要だと強調する。学力競争に勝利しないと豊かさは獲得できないというまさにグローバル資本の競争戦略に即して未来像を描く。普通の能力をもった人々が新しい協同を作り出すことで豊かさと安心の下に生きていける地域社会が作り出せるという展望を隠す。それは今、「限界集落」として切り捨てられようとしている地域に、それとは異なった生存権を保障する新しい生活と労働の場としての可能性があること、一人ひとりがそこで生きる希望を自分のものにしていくことができるという見通しを押し隠す。知的競争で他者を打ち負かさなくても、普通の能力で人間的な労働生活を送り、社会の建設に共に参加できることを子どもや若者に示すことができず、文字どおり全ての子どもや若者がもっている知的力や社会への貢献の可能性に対して、社会の側からの熱い期待を向けることができない。格差・貧困社会を招いた大人の失敗と無責任を放置して、競争に勝てる能力のないものは社会の厄介者だというメッセージを送り、子どもの希望を奪う。

本来、生存権保障と労働力の再生産という論理――そのための労働者に対する富の配分の社会的正義――から労働者の給与や社会的富の配分は決定されるべきものである。にもかかわらず、「知識基盤社会」とは、「知財」の独占がもたらす独占的利潤の獲得戦略から、「シンボリック・アナリスト」にのみ「豊かな」配分を行ない、知的競争力がないとする労働者に対しては徹底的に搾取する資本のグローバルなサバイバル戦略の視点から組み立てられた社会認識というべきものであろう。そして、個々人を不安定な格差社会に放り込み、その帰結は個人の所有する知の格差による自己責任として甘受すべきだという論理を伴うものである。

(四) 本書の課題意識

以上の検討は、今日の学力問題を、現代社会の経済と労働の土台の上で構造的に対象化するための、一つの理論的枠組みを描こうとしたものである。この問題意識を学力問題へつなぐためには、以下のような検討課題に取り組む必要があるだろう。

(1)知識が価値を生み出す、あるいは知識が価値をもたらすという言説について、より原理的なレベルにおいて、検討を深めていく必要がある。労働価値説に立つとき、知識や技術開発が、資本の利潤増大戦略に取って決定的な戦略的意味をもつようになった事態をどう説明し得るのか。あるいはすでに労働価値説そのものが、高度の技術的生産段階に合わなくなっていると考えるのか。この問題の検討のためには、一定の経済学的な検討も必要となるだろう。(第3章の課題)

(2)「知識社会」「知識基盤社会」という概念は、私の考えるような問題点についての吟味なしに、教育学の世界で流通し始めているかに見える。それらの議論は、もちろん、根拠のない単なるイデオロギーであるとして批判することだけではすまない。しかし、そこに一体どういう問題が含まれるのかという点について、吟味しておく必要がある。そして、日本の教育政策において、それを求める社会的、経済的背景を明らかにしておく必要がある。今日の教育政策批判にとって、「知識基盤社会」論批判は不可欠の理論的課題となる。（第2、6、7章の課題）

(3)今日における労働の権利性は、労働価値説と密接な関係があると考えられる。労働が価値を生み出すこと、そして労働に対して生存権に値する賃金が保障されなければならないことが、憲法的体系として前提とされていると考えることができる。しかし、知が価値を生み出し、知的レベルの低い労働はもはや十分な価値を生み出す力を持たないし、技術の発達、ロボットの急速な開発は、多くの人間労働を役に立たないものにするとの言説も飛び交っている。そういう点から見れば、人間労働そのものの価値と意味とはなんであるのかということに立ち返って考えることが不可欠になっている。そして人間労働の質、労働力の生産性を規定している能力や学力そのものの価値を今日どう捉えるべきかについて、あらためて検討しなければならないだろう。（第3、4、5章の課題）

(4)知識基盤社会論は、現実の日本社会で起こっている労働・雇用の格差化、破壊と一体となった論理を組み込んでいる。その変化が一体どのようにして生まれているのかは、単なる技術的変化によっては説明し得ないものとなっている。その点では新自由主義的な雇用政策、労働の位置づけが、グローバル資本のどのような戦略によって生まれているのかを明らかにしなければならない。そしてそのためには、新自由主義の下で、日本社会の労働力の配置がどのように変化しつつあるのかについても一定の傾向を把握しなければならないだろう。さらにはそれらに対抗する戦略と見通し、学力形成、労働能力獲得への意欲と希望を再組織するための地域的な経済的価値循環社会を構築していく可能性の検討が必要となる。（第2、6章の課題）

(5)そもそも新自由主義権力の出現とグローバル化の歴史的特質についても、検討する必要がある。実は「知識基盤社会」の根本問題は、社会の富の配分の問題に関わっている。そういう配分のために、国民主権政治をいかに機能させるかという問題、したがって政治と経済の関係をめぐる根本問題を視野におかなければならない。それは結局、グローバル化した現代資本主義に対して、人類社会は、いかなる統御と変革を課題にしているのかという問題に行き着くであろう。（第6章の課題）

(6)以上の問題の一つの応用問題としてのロボット問題は、「知識基盤社会」論を今日の経済と労働が直面するリアリティーの下で検証していく重要な課題であろう。（第5章の課題）

(7)それらを踏まえて、再び、学力問題、教育問題に立ち返って、「知識基盤社会」論の意味とそれへの批判を総括しておく必要がある。（第7章の課題）

注

（注1）井出文紀「知識資本主義論の諸潮流と世界経済」（関下稔・中川涼司編著『知識資本の国際政治経済学――知財・情報・ビジネスモデルのグローバルダイナミズム』同友館、2010年）

（注2）星野郁「知識資本主義時代の知的財産権を巡るジレンマ――知識基盤型経済に対するEUの取り組みと課題」『知

識資本の国際政治経済学』70頁。
（注3）「暗黙知」とはマイケル・ポラニーが提起した概念である。暗黙知とは、人間の頭脳の中にある知の中で、未だ言語化されておらず、客観的に伝達可能な形へと記号化、言語化されていないもののことを指す。重要なことは、暗黙知は客観化されておらず、社会の共有知化されていないゆえに、そこから開発される新しい知はその開発者＝企業の独占知として取得することができるという面をもつことである。それは、記号化・言語化され、法則や技術として取り出されるものとなるプロセスにある知であるとともに、無意識化された身体感覚や熟練などとの結合体として知や技術を支えているという性格をもつものとしても把握されている。マイケル・ポラニー、佐藤敬三訳『暗黙知の次元――言語から非言語へ』（紀伊國屋書店、１９８０年）参照。
（注4）佐藤洋一『情報資本主義と労働――生産と分配の構図』青木書店、２０１０年、48頁。
（注5）関下稔「第1章　知識資本の時代」『知識資本の国際政治経済学』
（注6）佐藤洋一、前出、48頁。
（注7）関下稔、前出「第1章　知識資本の時代」、20頁。
（注8）ボブ・ジェソップ『資本主義国家の未来』中谷義和監訳、御茶の水書房、２００５年、21頁。
（注9）佐藤洋一、前出、49頁。
（注10）井出文紀、前出、62頁。
（注11）本田由紀『多元化する「能力」と日本社会――ハイパー・メリトクラシー化のなかで』ＮＴＴ出版、２００５年。

第2章　グローバルな経済競争と「知識基盤社会」

――グローバル資本の戦略と労働力要求の変化

「知識基盤社会」論は、労働の知的な質が高められる必要を強調し、またそういう知的に高い労働でなければもはや社会的な労働としては役に立たなくなるという「恫喝」すら行なう。しかしその根拠はどこにあるのだろうか。それは、経済的生産過程に、高度な知的技術が組み込まれることによって、その直接的生産過程の生産力が向上し、その結果、企業が獲得する剰余価値、ひいては利潤が増大するということにある。加えて、そういう高度な生産体系を操作する労働には高度な知的能力が求められるようになり、逆に、単純労働や半熟練労働が機械などに置き換えられるようになり、それにつれて、労働力市場における労働力需要は、知的な質の高い労働力へと急速にシフトしていくからだと説明されている。しかしそれは本当なのか。

もちろん、この問題を検討するためには、「知識基盤社会」論の背景にある、知の開発、科学技術の生産過程への組み込みによる生産力の増大、そのことによる企業利潤の増大という基本問題を検討していく必要がある。その力学は、同時に、社会的に必要な労働力構成を、知的に高度な質をもった労働の側へと傾斜させる。この法則こそが、企業生産において、知識が基盤になるという認識をもたらす土台にある。その問題は第3章の中心的な検討課題となる。この第2章では、生産力の向上のために、知の開発が非常に大きな役割を果たすこと、とりわけ資本主義的生産様式の土台の上では、それは企業の市場での競争力に決定的な影響を持つゆえに、企業は、知の開発と高度な知的能力をもった労働者の雇用に全力を挙げるということを、主に雇用の変容を中心に検討し、またそのことが急速な「知識基盤社会」を引き寄せるということを検討する。

（一）グローバル資本の利潤獲得のための戦略と「知識基盤社会」概念

1　新自由主義の展開とグローバル経済戦略の展開

20世紀の後半から世界的に、そして日本では1990年代の半ばから、本格的な新自由主義が展開した。新自由主義は、なによりも、グローバルな世界経済市場における資本の自由を拡大する経済制度として出現したが、同時に巨大化したグローバル資本が、その経済力と政治的な力によって国民国家の政治権力をも左右するほどの力を持ち、その結果、新自由主義の理念に立った国家権力が創出され、グローバル資本の世界戦略を促進する政策を展開するようになった政治経済体制のことを指している。広い意味では、新自由主義とは、そのような、グローバル資本の利潤獲得戦略に強く規定された経済と政治の全体的な体制、その理念を指すものと把握する。

そのような新自由主義国家は、先進諸国の福祉国家体制を解体するものとして働いている。その変化の質を把握するためには、ヨーロッパ先進国が、第二次世界大戦の後に目指してきた福祉国家とはいかなるものであったのかを押さえておくことが不可欠となる。

それは第一に、第二次世界大戦の総力戦体制と深く結びついて、国民国家という枠組みにおいて、その国民に安全と福祉を保障する国家制度を目指すものであった。その内部においては、議会制民主主義に立った国民主権の力を背景として、高度の福祉体制が目指され、また人権や福祉、労働権水準が大きく高められていくこととなった。

第二に、この国民国家のシステムとして形成された国家の経済力や技術力、国民の教育水準の高さなどを背景にして、その国の国民経済が発展し、資本はその国民経済の力を基盤として、世界市場における優位性をも獲得していった。その意味では資本はいわば国籍をもってその国民経済のもたらす経済的優位性の基盤で、世界市場においても有利な位置を占めることができたと見ることができる。

第三に、もちろんその背景には、これらの先進国民国家による経済的世界支配（植民地支配をも含む帝国主義的支配）が遂行されたのであり、そのことによる収奪的な富もまた、先進国民国家の豊かさを高めるものとして機能したと把握できる。

第四に、そのような仕組みを背景として先進国民国家に集積された国家単位の経済的富は、先進国民国家の経済的豊かさを実現し、その土台の上で、高度の福祉や高水準の労働権の実現、国民の生活水準の豊かさが実現された。またそれらの国家は、強力な軍事力の構築による世界秩序の管理者としての位置を占めていった。補足すればこのような資本主義先進諸国の体制は、拡大しつつあった社会主義国家体制に対抗する戦略として選び取られたものでもあった。

しかし1990年を境目として、社会主義国家体制が崩壊し、世界は一挙にグローバルな資本主義が展開する単一の世界市場へと再編されていった。そしてグローバル資本は、その巨大化した資本の力を背景に、国民国家の枠組み、国家的規制を超えて、巨大化した世界市場において新たな経済競争戦略を遂行するようになった。先進国においても、国民の人権や労働権を支えてきた各種の規制が

「緩和」され、福祉の水準が切り下げられ――福祉国家の解体――、世界市場において展開する資本の競争の戦略に、これらの先進国家の国民も直接曝されるようになり、雇用の構造も大きく変化していった。

第一に、グローバル資本の人材戦略は二つの性格を併せもつものとなる。一つには、世界的に調達できる低賃金に依拠できる労働部分を発展途上国の低賃金労働に求める戦略である。それまでの労働力市場が基本的には国家単位の閉鎖的なものであったことに対し、労働力調達の市場は、一挙に世界市場化した。そのため、安価な労働力を調達するために、工場の海外移転、あるいは国内の雇用についても安い海外からの労働者（外国人労働者）に置き換えるなどの方策が採用される。さらにインターネットの発展は、海外への労働のアウトソーシングを急速に拡大しつつある。そのことは、先進国家内において労働権や賃金水準を高度なものにしていた雇用への各種の「規制」を一挙に緩和、切り下げる財界からの要求を強めた。その結果、新自由主義政権は、雇用に関する「規制緩和」を強力に推し進め、国内の一般的な労働を海外からの安価な労働とのフラットな平面での競争に曝し、非正規労働化や派遣労働化、低賃金化が進むことになった。たとえば、ワーキングプアは、2006年から今日まで、1000万人を超過する状態が連続し、2018年は1098万人となっている。（注1）

第二に、もう一つは、世界市場における競争にとっては、その技術水準、商品の質をめぐって、激烈な競争が展開する。特に情報技術の発達、AIの急速な進歩、インターネットを通した情報社会化が急速に進み、その技術開発に対応しない限り、世界市場での勝利は見通せないような状況が生まれている。そのため、一般的な製品の工場的生産を低賃金の海外に移転し、国内の企業活動を経営の中枢的業務と知と技術の開発部門に集中させ、それに見合った高度の知的労働に対する需要が増大している。(注2) 高度の知的労働力についていては、人材獲得競争が激化し、その最先端的な知の担い手に対しては、高額の給与支払い（人材確保のための投資）も行なわれるようになる。(注3)

第三に、加えて、現代のグローバル経済段階において展開する急速な技術開発、AIの進歩によって、多くの労働が、機械やロボットによって置き換え可能になっていく。商品生産工場の機械的労働に止まらず、汎用型コンピュータの開発・発展によって、一定のレベルの人間の操作や判断もAIによる代替が可能になり、そういう労働内容をもつ多くの事務・管理労働、一定の熟練技能労働もまたロボットやAIの作業に置き換え可能になっていく。それらの高度な技術の開発は、基本的には生産技術の高度化であり、生産手段の発展であり、人間労働の生産性を高度化して、労働時間の短縮の条件をも生み出す可能性をもつが、その技術の高度化が、労働力の削減（可変資本の縮小）による利潤の急速な増大の手段として導入されるならば（第5章参照）、労働者の雇用を奪う可能性がある。そのこともまた、ロボットなどが担うことのできない高度に知的で創造的な労働能力でなければ価値がないというような言説を生み出しつつ、雇用の構造を変化させていく。

第四に、世界的な競争市場での勝利にとって、他の企業を超える新しい知の開発、私的所有（独占）、そのことによる膨大な特別剰余価値や独占価格の実現が不可欠となる。そのため、個別企業による知の開発が膨大な資本を投入して展開されるようになり、歴史的に見て最も高度な、そして急速な知の開発が、巨大な企業戦略に主導されて展開し、巨大企業は同時に巨大な知の開発主体へと変貌する。それはまた、開発された知の企業による独占的私有という事態を引き起こす。それは人類的な知が基本的には共有財として蓄積されてきたことを転換する。「知識基盤社会」とは、まさにこのような企業戦略によって切り拓かれる生産のための知の組織化とその私的独占の新しいありようの到来を意味する。

第五に、しかし、グローバルなレベルで展開される知や技術開発は、国家的なバックアップなしに展開し得ないものとなる。「知識基盤社会」の仕組みは、個別企業の戦略から、国家間の技術開発競争レベルへとバージョンアップされていく。したがって、今までの学問研究の自由が、権力からの知の独立、国民の真理探究の自由という視角から把握されていた土台が揺らぎ、いかに経済競争に勝ち抜くかという視点から、知の開発計画と教育を、国家と資本が強力な計画をもって管理する仕組みが展開することとなる。世界経済競争は国家間の知と技術の開発、人材形成としての教育の競争を伴って進行する。そして膨大な資金を注ぎ込んだ技術開発競争の展開が、「知識基盤社会」イメージをさらに根拠あるものへと押し上げていく。「知識基盤社会」への対応は、まさに国家戦略となる。

第六に、グローバル資本の産業配置戦略からして、国内における労働と産業部門の一面的な再編が進行する。世界市場を相手とする生産は、一挙に経済の国内循環の制限——国家単位で循環可能な生産分野の全体性の保持という制約——を超えていく。そして高額な利潤が獲得可能な領域に大量の投資が行なわれ、そうでない部門は可能な限り縮小され、その部門の商品の不足は輸入などによって補填されていくこととなる。一国の経済構造と労働配置をグローバル資本の利潤戦略によって大規模に再編、リストラし、世界競争の拠点となり得る地域を除いては、多くの地域の産業が衰退し、労働の場が地域から奪われていく。たとえばグローバルなレベルで農業の生産性を比較するならば、日本の農業は全体としては世界競争力を欠いたものとなり、それに対する投資は縮小され、代わりに世界から食料を輸入し販売する流通ルートの掌握に膨大な資本が投下され、食料確保という国民の死活を制する営みが巨大流通資本の利潤獲得のために管理されるようになる。また全体として、コンビニチェーンの展開をはじめとして、巨大な流通資本による商品販売網の構築が、一挙に商業領域の大再編を引き起こし、従来型の地域的な商業を急速に衰退させていく。

第七に、その結果として、先進国家においては、世界的な経済競争を支える技術開発労働、グローバル経済戦略を担う高度なリーダーシップをもつような知的労働に対する需要が増加し、それ以外の労働は低賃金化される。このような構造をもった人材要求は、その労働力養成、そのための公教育体制の改変へと繋がっていく。そのような公教育の場には、人材形成＝学力獲得をめぐる激しい競争が組織される。そしてそこからは、全ての人間の労働が生かされる経済や社会像が喪失されていく。現代社会の主体、社会を創造し変革していく主体としての知的能力、人格形成の全体性に対応した教育課題も取り除かれていく。このような財界の労働力要求を組み込んだ「知識基盤社会」の具体的な「能力」ハードルが、国際的基準――たとえばOECDのPISA学力基準――として教育政策を支配しつつあり、その基準に基づく激しい学力競争や就職競争が労働参入する若者に課せられていく。

以上のような特徴を踏まえるならば、「知識基盤社会」とは、知の開発が資本の利潤の獲得にとって決定的な重要性をもつに至った段階における、グローバル資本の世界戦略によって生み出された労働と知の構造的変容を組み込んだ社会像と言うことができる。

2 「知識基盤社会」型の雇用構造

以上の展開を前提にして、日本のような先進国における「知識基盤社会」型の労働力戦略を構図化してみよう。それは、図表に示した様に、一国の経済が、その国内で全体性を保って循環する労働力構成（グラフP）に比して、世界経済循環によって一国内でのバランスが崩され、知的に質の高い労働への需要が高まる「知識基盤社会」モデルに沿った労働力構成（グラフQ）となる。そして、国内の労働力養成の戦略もまた、このグラフQに沿ったものとして設定されるようになる。

この構図についての補足的な説明をしておこう。

(1)現在の雇用構造を〈P〉線で表すとすると、グローバル資本の戦略に沿った新自由主義の戦略の展開の下で、A 海外への工場移転、B 国内産業の空洞化、C ロボットへの代替などの要因によって、国内の一般的な雇用数が減少していく。

(2)一方グローバル企業の国内戦略は、グローバルな競争の戦略拠点として、知の開発、事業の管理中枢としての性格を高め、高度な知的作業が求められ、そのために、高度な知的人材への需要が高まっていく。そのため、雇用構造は、Q線のように、右へ移動していく。

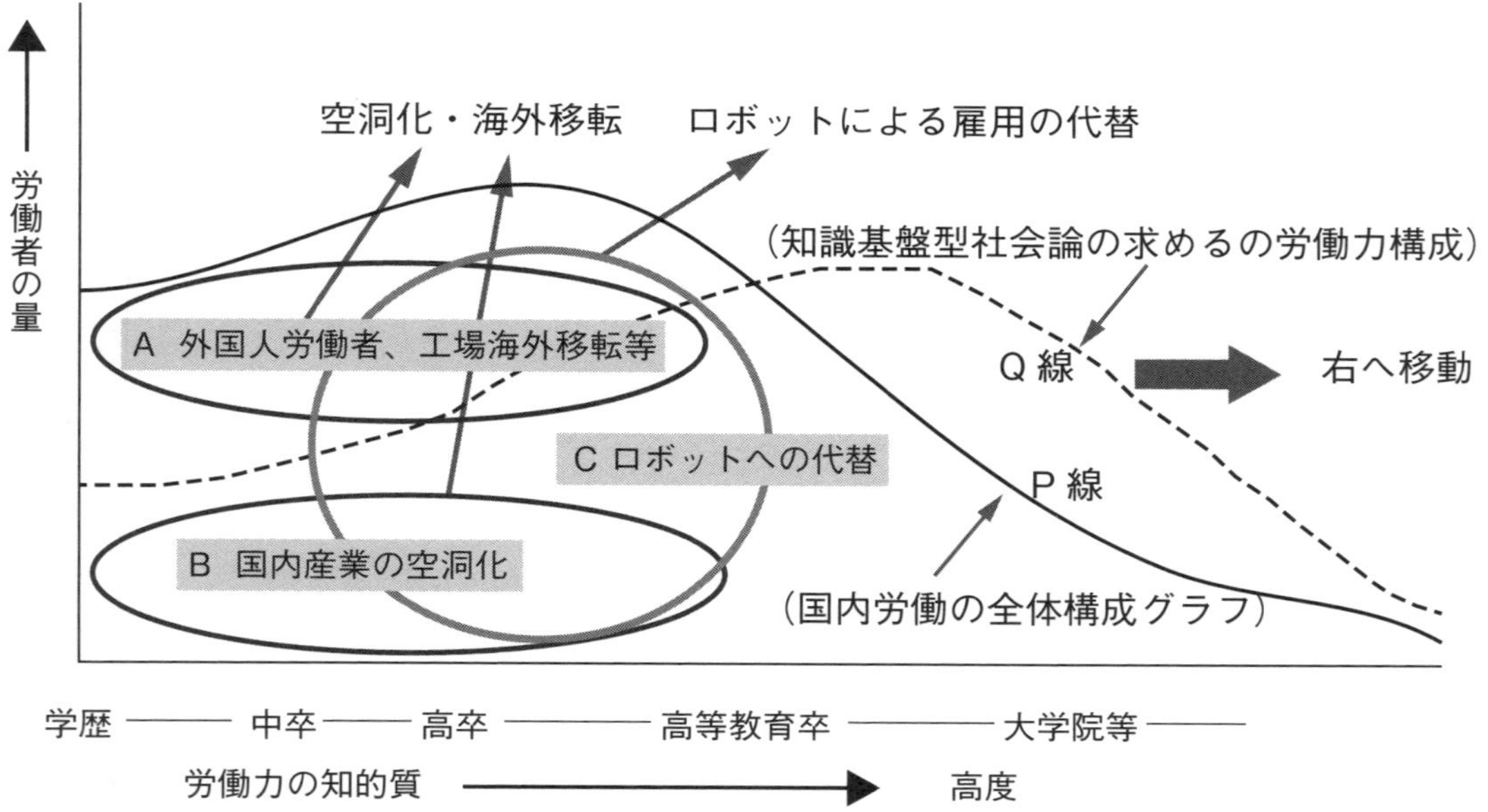

図　労働の知的な質の差と労働力構成のイメージ

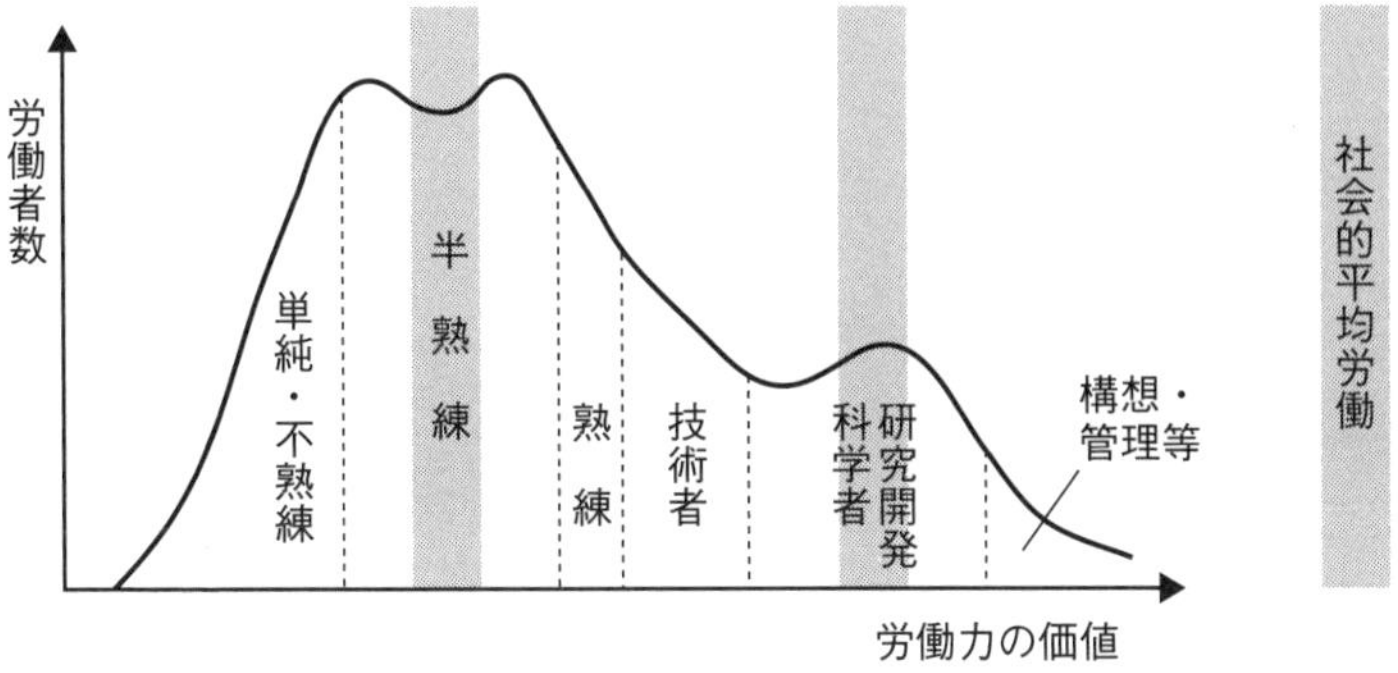

図　情報資本主義段階における労働力構成　北村洋基『情報資本主義論』（大月書店、2003年）318頁より

(3)その結果、全体として左側から中間部分にある労働は、その労働力市場における供給過剰状態、外国人労働などの低賃金による競争圧力などに曝され、低賃金化、雇用条件の低下（非正規化、派遣化、不安的化等々）圧力の下におかれる。

(4)この図は理念的構図にとどまっており、現実の労働者数の実態などを正確に反映したものではないことを断っておく。

北村洋基は、情報資本主義においては、労働力の価値からみると、半熟練労働と研究開発に従事する科学者の二つの労働階層に社会的平均労働（労働の最も主要な階層をなす）が分離し、左側に単純・不熟練労働、そして右側に構想・管理等のいわゆるシンボリック・アナリストの高度な労働が位置づく形をとるようになるとし、そのため実態としては上図のようなふたこぶ型の分布となるということを指摘している。(注4)

さらにまた、ロボットや人工知能の導入は、一定の知的作業を必要とする事務部門を中心に展開していくために、人間労働の知的な質から見た分布は、中間部分が縮小し、この点からもふたこぶ型が一層促進されていくという井上智洋の指

摘もある(注5)

このような、グローバル資本の主導する経済戦略によって呼び出された「知識基盤社会」型の雇用構造は、逆に、そこから知や人間労働に対する新たな性格やイメージを与えるものとして機能することとなる。そしてそのことがより独特な「知識基盤社会」のイメージを形成する。それは知を個別資本の競争力の獲得の手段として把握することを、その土台に置くものである。そのことは、資本主義的生産が剰余価値の取得（相対的剰余価値、特別剰余価値）、その増大を根本的な目的とする経済システムであるということと結び付いている。そしてその論理の下で、利潤を多く生み出す労働・労働の場と利潤を有効に生み出さない労働・労働の場へと区分し、役に立たない労働・労働の場は、斬り捨てることも当然のこととして推進する。

(二) グローバル資本主義の下での「地域」の位置

1 人間労働と地域の性格はどう把握されるか

ここでいう「地域」とは、本来その中で人々が生きていくことができる労働の場が形成され、生活に必要な商品の流通、供給が行われ、その土地や自然との深い関係を継続的に発展させ、そのような経済的な価値の循環を土台に人々が生きていくことを支える社会的基盤（社会的資本）が形成され、そこに依拠して人々がライフサイクルを生きていく「場」を指す言葉として使用する。

そのような「地域」を構成する主要な要素としては、

①一定の領域をもった土地と自然と人間生活との持続的な共生の単位、
②一定の全体性をもった産業、人々の労働の場、
③生活を継続的に支える公共的な制度の存在（自治体としての諸機能、学校などを含む子育てと教育の施設、医療施設、等々）、
④その場を自治の単位とする政治システム、
⑤その上に構築され共有されていく個性的な生活様式や文化、
⑥それらを基盤として内発的発展を可能にする経済的な価値循環システムとなること。（注6）

が挙げられるだろう。そういう点から見れば、最も狭い地域は町村規模の場として把握されるだろう。国家もまた世界経済市場という広さから見れば、一つの「地域」と把握することができる。この「地域」概念の重要な性格は、そこに生きる人々が安定した自然を基盤として生活の全体を循環させ、持続させていく仕組みがあることであり、しかもそれらのあり方を自ら決定して主体的に生きていくことができる場として構成されていることである。断っておくが、このような「地域」概念はいわば「理念型」として設定されたものであり、現実の「地域」は、必ずしもそれらの全体を十分に保持しているわけではない。地域で必要な生活物資の全てをその場が供給するというような自給自足型の経

済を前提としない限り、それ自体として完結するような「地域」を考えることはできない。強大な中央の資本が、地域を自己の利潤の視点から収奪し、そこで生み出された利潤を中央へと移転していくというような今日の資本主義経済の基本性格を考えれば、今日の地域は、上に規定したような地域としての原点的性格と、中央の資本によってその地域が生み出す利潤を収奪され、主体性を剥奪されていくような事態との綱引き状態の中にあると言えよう。

重要なことは、戦後展開した先進資本主義国としての国民国家は、国家という単位自体がそういう「地域」としての性格を維持できる努力を、国民主権に立った社会構想として保持しようとしてきたということである。また、地方自治という理念に立って、市町村レベル、あるいはさらにその下での小さな生活圏としての地域――それらは小学校区や中学校区など、多様なレベルをもっているが――がそのような性格をもった地域として考えられ、それらの地域を存続させようとする努力を積み重ねてきたということである。そのような地域を持続させる制度として、たとえば地方交付税制度や地方自治制度、いくつかの地域産業振興策、学校などを始めとする公共的社会施設や公務労働に対する国家的な財政支援制度――公務員賃金の仕組みなど――を挙げることができる。また一国内における産業バランスの形成を維持する制度もあった（たとえば米作の維持のための食料管理制度など）。それらの方策は、地域の自治、あるいは国家の独立性の内実を担うものであったと見ることができる。

しかし、グローバル資本の戦略は、「地域」との間に、根本的な矛盾を引き起こす。

第一に、グローバル資本は世界経済競争拠点として選ばれた地域にのみ投資するという戦略をとる。

それは世界競争戦略から選び出された利潤の高い部門、領域へと自己の経済活動を集中させていく。全体としての経済循環は、グローバル資本の利潤戦略によって再編成されるグローバル経済循環として達成されれば良く、地域、さらには国家の産業構造は全体性がなくても良いことになる。いわばモノカルチャー的経済構造が地域や国家に押しつけられていく。地域や一国内に経済の全体性が成立しない経済循環こそが、グローバル資本の世界市場支配の重要な戦略となっていく。

第二に、したがって、労働は、世界的な競争拠点の経済領域と地域にのみ投入されれば良いという戦略がとられ、地域の多様な産業が衰退、廃棄され、地域内循環経済も弱まっていく。その結果、労働可能な場が、グローバル競争に参加する産業領域や部門へと集中され、そこからはずされた地域の労働が失なわれていき、雇用におけるリストラや不安定雇用が拡大する。グローバル市場での経済循環を掌握し、自らの世界経済支配の下で生産と消費を世界的なレベルで結合し、その全ての過程から膨大な利潤を生み出そうとする経済の仕組みは、地域において労働と生活が小さな規模で循環していく地域的経済を破壊しつつ進行する。地場産業、地域経済を支える地域的商業活動、地域の農業が地域の食糧を供給するような地域的自然との共生を支える産業――地産地消の経済――構造を解体していく。地方自治の仕組みは、国家経済の中央――中枢都市や巨大企業――に集積された富を再度地域に還元し――各種の地方交付税制度など――、このような地域的な経済、生活、自然の共生的循環を支える政治制度としても機能してきた。しかし新自由主義政策はグローバル資本の世界経済戦略に即して、このような地域的な経済の回転、それを支える地方自治制度、それらを担ってきた地域の多様な労働を縮小させる。(注7)そして地域をもグローバルな商品流通の市場へと改変し、世界的な競争力のない地域の産業を破壊し、地域が中央の資本によって収奪される事態が広がり、過疎が進行し、地域の自然や環境を持続させる労働もまた奪われていく。

第三に、グローバル資本の利潤獲得を支援する新自由主義国家は、国家財政を、地域の持続や産業の全体バランスの維持、国民の生存権保障などに再配分してきた諸制度（福祉国家制度）を改変し、その富をグローバル資本の利潤の増大に向けて注ぎ込むようになる。その結果、地域は、一方で資本の直接的戦略によって選択的に空洞化させられていくとともに、もう一方で地域（自治体）に対する国家の支援（富の再配分）も縮小されていく。その下で、自治体の各種の公共的な施策が縮小、あるいは民営化されていく。地方自治の「三位一体的改革」は、この政策を一挙に自治体に押しつけていくものとなった。(注8)「限界集落」が、これらの力学によって各地に出現していく。これらはグローバル資本の世界戦略に基づく労働配置であり、能力要求であり、全ての住民の労働参加と生存権保障を可能とする地域社会の存続にとって欠かせない産業構造や各種の公務労働の配置などを崩していく。

第四に、そういう中で、地域に見通しをもてなくなり、子どもたちも中央や中核都市や、さらにはグルーバル企業にしか労働の場をもてなくされ、地域に生きるという意識が希薄化され、いわば現代版「村を捨てる学力」を獲得する学力競争へと走らされていく。そういうことを含んで、日本社会に新たな人口移動が促進されるが、資本はそれらの人口動向を経済活動拠点をどう作り出すかの戦略として考えるために、中核都市に人口を集め、開発し、高層住宅建設などによる局所的な土地バブルが

各地に生み出されていく。そしてそれがまた過疎と集中（過密）の両極を拡大していく。[注9]

第五に、それらの展開を土台としつつ、経済開発という視点から、膨大な資本が、戦略拠点に投資され、再開発が展開していくことになる。リニア新幹線開発、東京オリンピック関連開発、東京都心や各地の中核都市における住宅開発等々が次々に仕組まれていく。[注10]しかしその膨大な利潤はグローバル資本に集積され、地域格差、そして人々の所得格差・貧困が進行していく。巨大災害の被災すらもが、ナオミ・クラインの指摘するような「ショック・ドクトリン」[注11]によって、新たな投資対象、巨大開発によって膨大な利潤を生み出す場として地域が差し出される「幸運」と捉えられていく。

これらの全体を見るとき、まさに新自由主義戦略の中核として、日本の人口と国土のかつてない再編成が、未来への取り返しのつかない生活破壊を伴って強引に推進されているといわなければならないだろう。そしてその動向は、理念としては、「知識基盤社会」に不可欠な労働力構成、労働力配置の必然的結果とされてしまうのである。その意味で、地域を、人間が安心して生き、働き、住民の共同が支えられ、経済が巡回し、希望が生み出される場にするという方向と、新自由主義の地域破壊、人口再配置戦略、グローバル経済戦略、労働力戦略、「知識基盤社会」論の社会像とが真っ向から対立し、日本の未来を分ける重要な争点となっていることが見えてくるのではないか。[注12]

その問題を考えるとき、実は人間の労働や、地域の未来を豊かに維持していくための方策は、知の開発競争の論理――知の高度化による生産力の高度化がグローバル資本の世界競争を有利にし、企業により多くの剰余価値を蓄積させるという競争の論理――に委ねることはできないものであることが明確になる。私たちの未来探究においてなによりも基盤に置かれるべきことは、人間労働の権利としての保障であり、生活の場としての地域の持続性の維持である。そして知の高度化による生産力の向上は、そういう未来構想を可能にする富の豊かな形成、蓄積をもたらす条件として把握されるべきものとなる。そもそも知の発展による生産手段——機械やコンピュータやAI等を含んで——の生産力の高度化は、人間労働の生産力そのものを大きく高めるものとして作用する。そのことは一方で人間の労働時間の短縮を可能にすると共に、もう一方で、より豊かな使用価値を生み出し、地域により豊かな経済循環が可能になる条件をも提供するものとなるはずである。知の高度化が、グローバル資本の競争勝利の戦略とは異なった文脈で生かされるならば、まったく異なった未来像、全ての人間労働がより豊かなものとなり、高度な生産力を持ったものへと高まり、人間労働が作り出す富が、地域と人間自体のより豊かな生き方を可能にする条件として直接的に働くような回路が、見えてくるのではないか。

2　社会の富の投資と配分の二つの形態

本来、労働が職業として成り立つということは、膨大な利潤がそこから取り出せるという条件ではなく、労働によって消費する価値（およびそれに加えての幾分かの剰余価値）を生み出し、それによって生存を持続的に実現していくことができるということであろう。資本主義社会においても、資本を巨大化すること自身に目的を置くのではなく、持続的に生きていくための価値を生み出す労働が維持され、それが循環していくシステムが形成されるならば、世界競争に勝つというような必要――そのためには最も有利な条件を集めてグローバル市場競争に勝ち残らなければならず、そのための最高の効率（利潤率）と他に負けない高度な生産力競争に勝ち続けなければならないという状態――はなくなる。また、豊かな富の一部分を必ずしも競争力を持たない経済生産部門に再配分するということも可能となる。世界的な生産と販売の市場で生き残らなければならないというグローバル市場競争に地域の産業や労働を曝すのではなく、一定の保護の下にそのような労働を持続させることが必要であり、また可能なのではないか。自然の持続のためには、そのための公的な支出が不可欠であり、地域での自然を保持する労働を成り立たせる仕組みを作り出すことも必要であろう。グローバル資本の利潤戦略からは抜け落ちてしまうそのような労働を持続させる努力を忘れてはならないだろう。グローバル市場の論理だけに任せておくならば、そういう競争力の低い労働、生産分野は競争の論理で衰退せざるを得ない。国家的な産業政策と企業活動への規制と富の再配分によって、そういう労働領域を持続させることは十分可能であろう。

そのことを次のような構図で、示してみよう。（次ページの図表）

若干の説明を付しておこう。

(1)三角形の資本の投資構造（B型）はグローバル競争に勝ち抜くことができる効率の高い（利潤率の高い）領域に、資本が集中的に投資され、それ以外の領域や地域から資本が撤退していくという投資形態を示している（この構図では、資本とは、資本家に私有された資本と、公共的な富のうち社会の生産に再

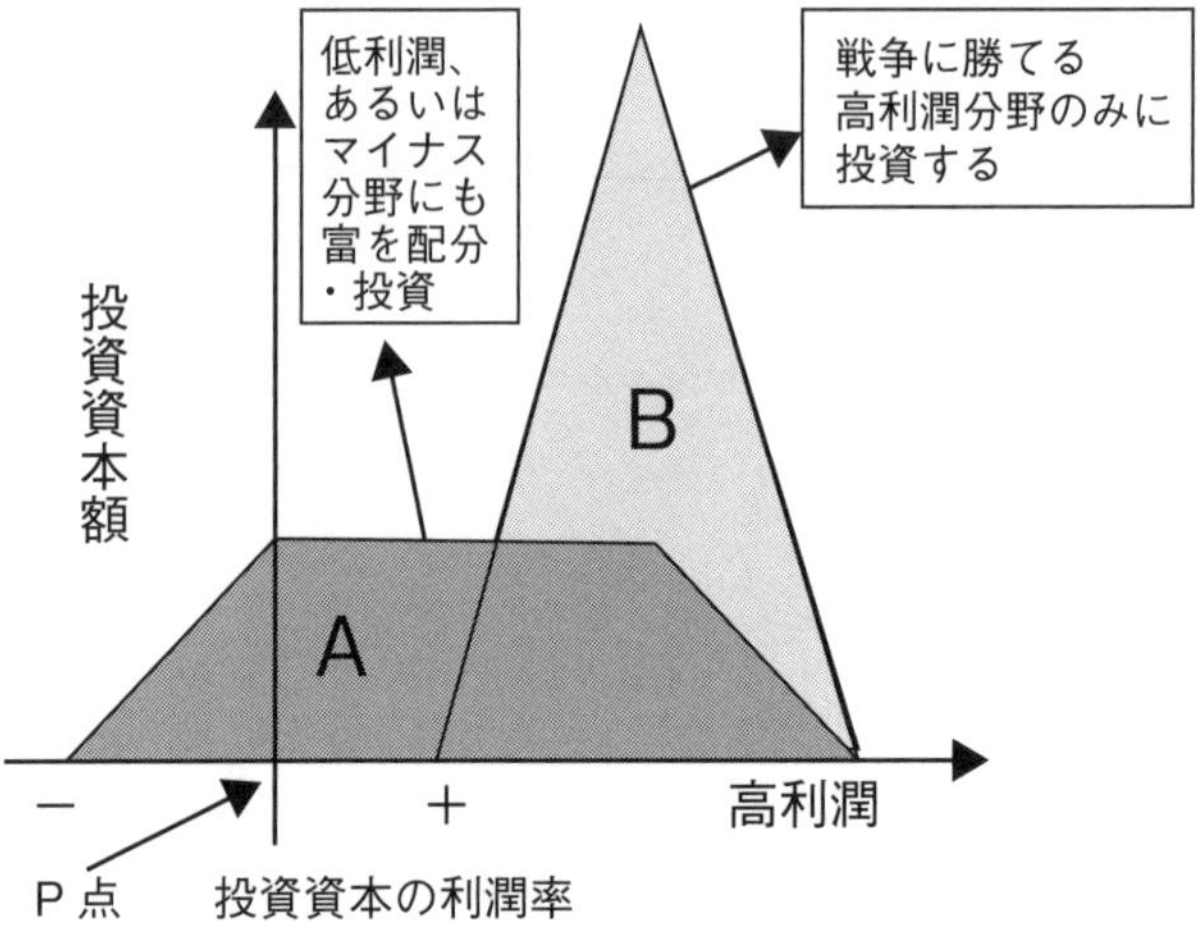

A⇒国民主権政治による投資配分
B⇒グローバル資本の投資戦略

図表　社会の富（資本）投資の二つの形態

投資されるものの総体を指す）。新自由主義の下でのグローバル企業の投資戦略や、グローバル資本の利潤を最大化する政策を推進する新自由主義国家の国家予算の支出がそういう性格をもっている。

⑵台形の資本の投資構造（A型）は、社会の維持・持続にとって必要な産業構造の全体が維持されていくような投資構造を示している。それは、世界競争に勝つことができるような高利潤をあげうるものでなくても地域に経済的な価値が循環していくために不可欠となるような産業分野への投資、さらには利潤がマイナスになるような領域であっても、失業者の雇用を保障したり、また障がいなどで十分な生産性が実現できなくても、それらの条件下にある人の労働能力を生かし、なんらかの価値の生産に参加する条件を創り出し、

社会の富の全体量を高めるような生産の場を創出するための投資も含んでいる。

グローバルな資本の戦略からすれば、A型の投資は競争力を弱めるものとなるが、国民主権政治によってグローバル資本の戦略に規制をかけ、社会の富を再配分していくならば、現実的となるだろう。このA型の社会的な富の投資（配分）構造こそが、全ての人々の生存と地域、自然、さらには地球環境の持続にとって不可欠な形態となろう。それは次のような性格をもっている。

第一に、どのような産業部門に投資するかは、グローバル資本の利潤最大化戦略に拠ってではなく、一国（「地域」）経済の全体性、経済循環、さらには自然環境の維持などを含んで、計画されていく。

第二に、B型の競争的産業に有利な高度な知的労働能力に労働力需要が偏る（まさにそれが「知識基盤社会」論の描く労働力配置の構造となる）ものとは異なって、全ての人間の持つ労働能力を実現する場として、多様な労働の場が設定、維持される。そこでは、利潤率の高くない産業や労働の場であっても、その人たちから労働の場が失なわれ、結果として福祉給付によってその生活費が補填されなければならないという選択よりも、一定の国家財政からの支援を受けて、それらの労働が富の生産に参加し、社会全体としての富が増加していく——知の高度化による生産性の高度化はそれを可能にする——という選択が、検討されるだろう。直接的に自然環境の維持という意味をもつ第一次産業に対しては、その産業での商品生産による収益に加えて、環境維持のための国家的な富の配分が付加されることによって、その持続が図られていく。

補足するならば、このようなA型の投資配分は、先進資本主義国の生産性は全体としては歴史上最高のレベルに到達しており、構図の［±0、P点］よりも左の領域へも投資することが可能な生産力水準にあるということを前提としている。そもそも、近代的国民国家は、労働によって生み出されてきた国家的な富を、資本に雇用されて価値（剰余価値）を生み出すという労働に従事しない人々にも再配分して、その生存権を保障するという仕組みを組み込んできたのである。ところが、そういう国家的な富の再配分構造が、グローバル資本の世界競争戦略にとって障害と見なされ、A型の富の配分が、強引に、B型の配分へと改変されていく事態が新自由主義の下で進行しているのである。

以上の検討を踏まえるならば、「知識基盤社会」論とは、その競争の頂点にある産業構造において、知と技術の開発が企業の利潤獲得にとって最も重要な競争要件になるということにたいして与えられた名称であるにとどまらず、実はグローバル資本の世界市場における利潤獲得に沿うように全産業構造、労働の全体構造、社会の富の再配分の全体構造を、A型から、B型へと改変する論理として提示されていると見ることができる。

それらの事態を見すえつつ、あらためて知の果たす役割を考えるならば、知の高度化で生産力が全体として高まっていくならば、異なった可能性が見えてくる。図の原点Pは、その労働が自己の労働力の価値を再生産できるかどうかの境界点となっており——それは病気や障がいなどによって、その生産性が低下するなどの困難を抱えていることを前提としている——、X軸方向に左がマイナスで、右側がプラスとなっている。社会は常に、そういうP点の左側に位置する困難を抱えた人びとを含んで成立している。知の高度化がもたらす生産性の増大は、その労働が生産する使用価値量を増大する。

その結果、P点は、左側へ移動し、多くの労働力の生産力が増大し、より多くの労働力が、社会の富をその剰余労働の増大によって豊かにするものへと変化していく。

断っておくが、P点より左側の労働が、価値が低いというようなことを言おうとしているのではない。生産性の高度化が、人間労働の生産力を高め、社会により多くの富をもたらし、それだけ多く蓄積された富を、より良い人間の自己実現、そして持続的な地域や社会や地球の持続に向けることができるということである。そして実は、今日の生産力の急速な高度化の進展は、そういう可能性を現実的に高めつつあるにもかかわらず、その富は巨大資本に集積され、人々の間には格差や貧困が拡大し、国家に管理された富（国家の財政）は、国民の人権や生存権保障、環境の維持などに向けられる部分が拡大せず、あるいは縮小しつつあるという異常事態＝危機を指摘したいのである。

3　新自由主義国家の政策と「知識基盤社会」

1945年戦後において、ヨーロッパ先進国を中心に展開した福祉国家は、国家単位に蓄積された富をある程度国民に還元し、高くかつある程度平等な国民生活の水準を実現し、人権や労働権の一定の水準を保障してきた。そういう国民国家においては、議会制民主主義を介した国民主権政治がある程度経済に介入（規制）し、富の国民への再分配を実現してきた。しかしグローバル化が20世紀末世界に広がる中で、そのような国家による経済への規制は、資本の足かせとなり、グローバル資本はその政治力や経済力を背景に、国家権力を自己の利益をより追求しやすい権力へと改変していった。それを可能にするまでに個別資本の蓄積が高度化する段階が到来しているのである。

ＮＨＫスペシャル「マネー・ワールド――資本主義の未来　第1集(2)」(注13)によると、国家の予算額と企業の扱う経済規模額を比較して、上位100位までに企業が70、国家が30という実態があることを報道していた。グローバル企業は今や国家と並ぶほどの経済力をもって、緻密な計画による世界改造の主体、最も強力な生産力主体として登場しつつある。それと並び得る、そしてまたそれに対抗し得る主体としての国民国家の政策は、議会制民主主義、国民主権という仕組みに依拠して民主主義と基本的人権の保障という目的を実現する仕組みを形成してきた。しかし今日、この力関係が大きく変化しつつある。

ここではとりあえず、このような政治権力の形成と新たな経済政策の展開の中で、知の開発が、最も重要な企業と国家の戦略として登場してきたことを指摘しておきたい。したがって「知識基盤社会」は、そのような政治経済体制の中に位置づけて検討されなければならないことを指摘しておこう。第6章で、この課題をあらためて検討する。

(三) 補――ハーグリーブスの「知識社会」概念について

1　ハーグリーブスの議論の全体的な性格

「知識基盤社会」あるいは「知識社会」という概念が一人歩きすることで、知識と科学技術の発達が社会を組み替え、社会矛盾を生み出し、また一方で社会の新たな可能性を開いているという、それ自体が矛盾と混乱を持った社会認識が作り出されているように思われる。その問題の検討のために、アンディ・ハーグリーブスの『知識社会の学校と教師――不安定な時代における教育』を検討する（木村優・篠原岳司・秋田喜代美訳、金子書房、２０１５年）。

この著作では、全体としてグローバル資本主義の段階における教育が引き起こす矛盾が、かなりの程度においてリアルにかつ構造的に描き出されている。そして各国の学力テスト政策に見られるように、教育が国家的に管理され、画一化され、教師の専門性が抑圧され、教育の創造性や人間の自主性や主体性が剥奪されつつあること、また教育という公共的な営みが、自由とその財政的基盤を剥奪されつつあることも描き出されている。彼自身の言葉を用いれば、「市場原理主義」という経済の仕組みによって、そのような傾向が促進されていること、それとたたかう国家の教育政策が不可欠であるという主張も読み取ることができる。その点で、この著書は、今日のグローバル世界における教育の基本的性格と矛盾を把握した批判的著作として、一定の積極的な問題提起を含んでいる。

ところが、この著作において、「知識経済」「知識社会」という概念がキー概念として用いられているにもかかわらず、実はその概念自身が、ブラック・ボックスの中に放置されている。そのために、「知識社会」「知識経済」がなぜ、描き出されているような変化と危機と矛盾を生み出しているのかが、明確には捉えられていないといわざるを得ない。

ここで、ハーグリーブスの議論を取り上げるのは、実は、経済世界主導で進行している知と技術の急激な発達が、「知識社会」「知識経済」「知識基盤社会」等々の新しい社会を呼び寄せるという議論が、大きな流れとして展開しており、その中のかなり良質な議論の代表として、彼の議論があると考えるからである。彼の議論は、知と技術が作り出す未来社会について、けっして一方的な楽観論ではない。いや、彼は、「市場原理主義」と呼ぶ「最も極端な形態では、知識経済は排除される国家や人々の中に怒りや失望を生みながら豊かさと貧困との間を進行し」、「排除によって疑心暗鬼にあふれた社会が作り出される」（6頁）とも指摘する。またグローバリゼーションは、「私的な資本と公的な資本とで誤った資源配分を引き起こし」、「利益の飽くなき追求は環境破壊を引き起こしうるし、他の社会的価値との抗争を生み出しうる」（7頁）とも指摘する。そしてたびたび「知識経済の限界を乗りこえていく」、「知識経済そのものや知識経済の限界を乗り越える」と述べる。しかし「知識経済」がなぜそのような歪みを持つのかについては、「知識経済」そのものの内在的な性格によって分析されているとは言えないように思われる。

あるいはハーグリーブスにおいては、「知識経済」は、それ自身はいわばニュートラル（中道）であり、同時に科学技術の発展それ自体がより豊かな経済生産を可能にし、したがってまたより豊かな社会を可能にしていくということを指摘した概念に止まるのかもしれない。だから、その可能性を歪める「市場原理主義」や画一性を押しつける教育政策を克服していけば、「知識社会」の豊かな可能性が広がっていくのだと主張しているのかもしれない。しかしその「知識社会」把握は、グローバルな資本主義段階において展開し、また同時に新自由主義という性格をもった国家権力の出現の下で展開している独特の現象であり、資本がその知と技術に特別な価値と意味を与えてそれを全面的に包摂しようとする中で生まれ、展開している事態と把握する点で、自覚的ではないように思われる。

2　ハーグリーブスの論理の展開

いくつかの記述を抜き出してみよう。ページは、この著書のページ数を示す。

◇「知識経済は、他の資本主義形態と同様に、ジョセフ・シュンペーターが述べた『創造的破壊』をもたらすものである。知識経済は成長と繁栄を刺激する一方で、人に利潤や私欲を無慈悲なまでに追求させるために社会秩序をねじ曲げ、断片化させてしまう。ゆえに学校は、他の公的機関と共に、知識経済がもたらす最も破壊的な影響を埋める力を培わなければならない。」（2頁）

◇「全ての子どもが、知識経済がもたらす私的な資本の恩恵を受けて成功することを保証するために、教師たちはベストを尽くし、知識経済における企業利益では担保されえない公的な資本の獲得に全力を傾けられるよう、子どもたちを支えなければならない。」（4―5頁）

◇「……知識経済は国家から資源を搾り取り、公立学校も含む公共制度を浸食していく。私が『市場原理主義』と呼ぶ最も極端な形態では、知識経済は排除される国家や人々の中に怒りや失望を生みながら豊かさと貧困との間を進行していく。そして、排除によって疑心暗鬼にあふ

れた社会がつくり出される。」（6頁）

◇「知識経済を乗り越える専門職としての能力を培うことになる。」「知識経済そのものや知識経済の限界を乗り越える公的生活のためにかぎとなるべき教育施策……」（8頁）、「知識経済に備える教育、そして知識経済の限界を乗り越える教育が営まれている。」（10頁）

◇「知識社会に対抗する教師になるということは、実績と人格を考慮し、認知的な学びと社会的で情動的な学びを考慮し、専門性の学びと人間性および専門性の開発を考慮し、チームワークと集団性を考慮し、認知と思いやりを考慮し、リスクと変化が増加する傍らで継続性と安心の保護を考慮することを意味する。言い換えれば社会関係資本を培い民主主義の担い手としての情動的な基礎を据え、地球市民としての自覚の核をつくることを意味する。」（108頁）

◇「現在ではより多くの国家が知識経済の性質と重要性を把握するとともに、より公教育に寛容であることの効果についても理解している。こうした国々は、公教育に再投資を行ない、学校の中でますます創造性と柔軟性を育み、知識経済の最前線にいる知識労働者としての教師を再び尊重し直すことによって、市場原理主義を乗り越えようとしている。……／しかし、ダウンサイジング、標準化、労働状況の悪化、教育専門職への軽視によって、創造的な知識経済および文明的な知識社会の発展は阻まれてきた。」（115頁）

◇「創造性を奪われた学校と独創性を失った専門職としての教師たちには、強力な知識経済をつくり出し、維持する力はもはやないし、若者たちが不確実な社会と向き合って柔軟に働き、自らの創造性や独創性にかかわる気質を発達させていくのを支援する力はもはやない。ここでは標準化に向けた改革が、姿を現しつつある知識社会のアンチテーゼとなっている。」（176頁）

◇「知識社会はもう目の前にある。今こそ、教育にかかわる全ての人々が知識社会の最も高いレベルにアクセスし、関与する権利を得るときである。知識社会で暮らす全ての人々には、独創性、将来への投資、誠実さ、地球市民としての自覚が必要となる。」（302頁）

3　論理と概念の混乱

以上の引用文にも、ハーグリーブスが、「知識社会」という概念を、多様に……時には不可避の未来の経済構造として、時には乗り越え克服されるべき経済構造として、あるいは価値ある未来経済の姿として使用していることがうかがえる。そういう曖昧さは、ハーグリーブスの論理の次のような性格によってもたらされていると見ることができる。

(1)「知識社会」「知識経済」自身は不可避のものとして、そしてそれは、経済が、高度で次々に開発されていく知と技術のもたらす変革力によって導かれるものとして、歴史的に必然的なものとして到来すると把握されている。

(2)しかし「知識社会」の展開を主導する「知識経済」は、それ自体の中に、矛盾的要素をもっている。その否定的な部分を克服し、その積極的、発展的な部分を生かすことによって、「知識社会」の本来の豊かさを引き出すことができる。そしてそこに、今までの経済の矛盾や困難を克服する可能性が生まれている。

(3)グローバルな段階の資本と競争経済は、その「知識経済」の負の側面を拡大する面をもっている。市場原理主義などの歪みが、その負の側面を拡大する。

(4)「知識経済」は、知識がもたらす経済的価値に注目するがゆえに、人間の全体性の把握を必要とする教育に対して、その営みを矮小化し、一面化し、人間形成の質を歪める可能性がある。その教育の画一化、一面化に対抗して「知識社会」がもたらす積極的な可能性を生かす教育のあり方を考えておく必要がある。そのためには、人間の全体性の回復という発達的、教育的視点、それを支える専門性が不可欠である。

(5)「知識経済」は、社会的な資本、公共的な資本を、私的資本の利益のために利用させようとする動機をもつ。それに対して、公共的な教育資本、社会資本を、人間の利益のために配置するような国家政策が不可欠になっている。

(6)教師の真の専門性は、歪められた「知識経済」の矛盾を克服し、本来の「知識社会」の可能性を切り拓く教師の力量とならなければならない。そこに現代の教育改革の焦点がある。

(7)まとめて言えば、「知識社会」のあり方を歪める「知識経済」の歪み、或いは「知識経済」を歪める「市場原理主義」等の圧力を克服するとき、そこにより豊かな「知識社会」が切り拓かれ、より豊かな「知識経済」もまた実現される。

その限りでは、ハーグリーブスの意図は読み取れるとしても、いちばん土台にある知識社会、知識経済の本質、そこから生み出される矛盾、その歴史的、経済的本質がどのようなものであるのか、そしてその克服の方法論がどういうものであるのかは見えてこない。

それは、グローバル資本主義という仕組み、その私的利潤増大の視点や動機が、知識や技術の発展と企業活動との独特の結合形態を生み出しているという認識が、土台に据えられていないからではないか。「知識社会」「知識経済」それ自体が、グローバルな資本主義の歴史的到達点であり、そのような経済構造の全体が、歴史的な変革の対象として登場しているという事態を捉える視点を持ち得ていないからではないか。

4 「知識社会」「知識経済」の現実的な性格とはなにか

彼の「知識社会」「知識経済」概念の弱点は次のような論理を捉えていないことにある。

第一に、知識の高度化自体が、「知識経済」なるものを生み出したのか。そうではない。資本主義において、企業間競争に勝ち抜くために、他者よりも高い知的技術の獲得と独占、情報の管理と操作が不可欠になったということが基本にある。そのために、企業の利潤獲得と競争に生き残るためには、知を獲得し独占することの不可欠性がますます大きくなり、他者を超える新しい知と技術の開発、情報の集積や操作技術、それに対処する知的労働の獲得が、企業の死活を決する意味を持つようになったということが基本にある。「知識経済」の最も基本的な性格は、資本の戦略が、生産や販売、経営戦略における知的優位性を死活的な課題とし、その知の開発と独占を世界的に競い合う、資本主義経済のグローバル化段階において出現した経済構造にあると把握すべきものであろう。

第二に、したがってこの事態の下においては、知は、経済競争において、他の資本を、そして世界を支配するための道具であり手段となる。知は本来、社会的共有財として、万人に開放され、万人を支え、万人の力を高める本質を持ったものであるにもかかわらず、知が競争のための最も重要な手段となり、他の資本を打ち負かし、利潤を獲得することを助けるものとして機能するのである。そして資本に結合され独占された知は資本それ自身の競争力、支配力、利潤集積力として、資本の力として現れるのである。

第三に、ハーグリーブスは、「知識社会」自体が、一つの固有の性格を持って、社会や経済のありようを構造化していくと捉える。しかし「知識経済」は、なによりも資本主義経済の高度な発展形態であり、その矛盾は現在の資本主義経済の矛盾によってこそ規定されており、いくら知識や技術が発展したとしても、その矛盾は知や技術自体の発展がもたらす変化によって克服される性格のものではあり得ない。知識経済化する資本主義は、むしろ雇用破壊や知的格差による雇用格差を拡大し、「テクノロジー失業」や資本による富の占有を拡大するのであり、「知識経済」が本来もっている性格を引き出せば、知識経済自体の力によってその矛盾が克服されるという性格ではないのである。

第四に、資本主義経済としての知識経済においては、労働者の知的な質の高さの獲得が資本にとって重要な意味を持つようになる。そのため、知識の獲得度によって人間の労働力の評価を格差化し、さらには人間の価値自体をその労働力の知的な質（差）によって評価する力学を生み出し、社会的待遇や価値配分を大きく格差化する傾向を促進する。その矛盾は個々人が知識経済に対応した高度の知の獲得を目指せば解決されるという性格のものではないのである。

第五に、知的な優越性の獲得が決定的に競争における有利さを生み出すゆえに、本来人類的な共有財産としての知の開発が資本の利潤獲得戦略を推進するための重要な投資部門となる。その結果、知の開発は、個別資本の利潤率を向上させるメカニズムの中に位置づけられる。そして知の開発と探求には、膨大な経済的富を注ぎ込まなければ達成できない段階となり、資本と国家が知の開発主体となる。国家は、企業を手厚く支援する新自由主義国家となり、企業戦略のために国家財政を注ぎこみ、公共的研究システム、公共的研究・教育資産を動員する。そして資本の利潤獲得という動機に導かれて人類史上最も急速な、しかし跛行的な知の開発が進められる「知識経済」が展開するのである。

第六に、そのことは人類の共有財産という本質をもつ知が、個別資本の僕《しもべ》になるということをも意味する。そのために、知の人類的共有財産性を保障するために形成されてきた学問の自由や知の権力からの独立、あるいは知をみんなに普及・獲得させる教育や学習の権利などの憲法的規範すらもが、犯される危険が高まる。

ハーグリーブスの「知識社会」「知識経済」概念には、資本と知識との関係、特にグローバル資本と知識との関係が構造的に分析されておらず、グローバル資本の戦略によって人類の知がどのように社会的に利用されるのか、そしてその結果人間の知的な能力が資本の利潤獲得の視点からいかように評価され、処遇され、歪められるのかの分析、解明が基本として据えられていない。知識社会の矛盾の解明のためには、その土台に、グローバル資本主義そのものの政治経済学的分析を置かなければならない。その認識を欠落させるとき、人間的な知識と人格の形成を教師の専門性に依拠して対置していけば、今日の経済的システムの土台のままで、あるべき知識社会が切り拓かれるという主観的な構想にとどまることとなるのではないか。

注

（注1）新自由主義下における福祉の解体、雇用格差の展開などの新自由主義政策、その中心的な「構造改革」政策の展開、地方自治の「三位一体改革」等については、後藤道夫『反「構造改革」』（青木書店、２００２年）福祉国家と基本法研究会・井上英夫・後藤道夫・渡辺治編著『新たな福祉国家を展望する――社会保障基本法・社会保障憲章の提言』（旬報社、２０１１年）等参照。また最近におけるグローバル企業の利潤戦略については小栗崇資・夏目啓二編著『多国籍企業・グローバル企業と日本経済』（新日本出版社、２０１９年）参照。格差貧困の実態については、鳥居伸好「現代資本主義における貧困化問題」『経済』２０１９年5月号、参照。

（注2）国際協力銀行「わが国製造業企業の海外事業展開の動向に関するアンケート調査」結果によると、２０１８年度の海外生産比率は、36・8％と１９８９年の調査開始以来最も高い水準にあり、業種別では、繊維55・０％、自動車44・８％、電気・電子42・５％となっている。「しんぶん赤旗」２０１９年11月30日による。

（注3）ＡＩ開発などを担う高度の知的頭脳を持った人材の獲得競争が激化している。２０１９年11月30日付「朝日新聞」の「ＡＩ・５Ｇ……技術覇権へ人材争奪戦」は、世界で数百万人単位で、高度な知的人材不足が起こっていること、特にアメリカと中国間における人材獲得競争が激化している様相、その中で優秀な人材確保のため新卒で年２６００万円の給与が支給されるなどの実態を報道している。

（注4）北村洋基『情報資本主義論』大月書店、２００３年、３１８頁。

（注5）井上智洋『人工知能と経済の未来──２０３０年雇用大崩壊』文春新書、２０１６年。

（注6）鶴見和子・川田侃編『内発的発展論』東京大学出版会、１９８９年、参照。

（注7）小泉内閣の「三位一体改革」による地方交付税の削減により、地方公務員数が激減し、「98年から17年の間に市町村職員数は全体として2割近く減少したが、都道府県職員数はそれを上回る27％超の減少」（岡田知弘「持続可能性の危機にある地域社会と再生への展望」『経済』２０１９年11月号、新日本出版社）があったこと、それらのことを含んで、この間に「地域の持続力と地域内再投資力」が衰退させられていることが指摘されている。

（注8）地方自治に関する「三位一体改革」については、渡辺治「民主党政権の『構造改革』復帰と地方政治」『経済』２０１１年4月号、平岡和久・森裕之『検証「三位一体の改革」──自治体から問う地方財政改革』自治体研究社、２００５年、を参照。

（注9）平岡和久「『自治体戦略２０４０構想』と地方自治・地方財政」『季刊・自治と分権』２０１９春号（№75）、大月書店。平岡は、この中で、「２０４０」構想が、市町村レベルの自治を大幅に奪い、「Society 5.0」構想に沿ってＡＩやＩＣＴなどを使った自治体の「スマート化」を推進し、自治体行政のデジタルガバメント化、アウトソーシング化、広域化、市町村行政サービスの縮小化等を進める政策であることを批判している。

（注10）岩見良太郎「アベノミクス都市再生のいま──あらわになる企業奉仕と住民犠牲」、中山徹「人口減少を口実

とした大型開発の復活――アベノミクスの下で動き出した開発自治体の動向と自治体の課題」『前衛』２０１７年10月号（日本共産党中央委員会）、中山徹「産業構造転換と新たな都市戦略――『スーパーシティ』構想とその問題点」『経済』２０１９年12月号（新日本出版社）、参照。

（注11）ナオミ・クライン『ショック・ドクトリン――惨事便乗型資本主義の正体を暴く』幾島幸子・村上由見子訳、上下巻、岩波書店、２０１１年。

（注12）グローバル資本が、新自由主義戦略に基づいて農業生産地域を支配し、略奪し、自立した経済発展をいかに戦略的に、残酷に剥奪し、グローバル資本に従属させていくかについては、アグリビジネスの戦略がそれを端的に表している。所康弘「新自由主義と『略奪による蓄積』――中米の事例を中心に」『経済』２０１９年５月号、新日本出版社、参照。

（注13）ＮＨＫスペシャル「マネー・ワールド――資本主義の未来　第１集⑵　国家ＶＳ．超巨大企業」２０１６年10月22日放送。

第3章　知識は価値を生み出すか

――人間の労働とグローバル資本主義の論理

急速な知と科学技術の発展が、社会のありようを急速に変えていくのではないかという思いや期待が高まっている。社会的閉塞感が増大している中で、この閉塞感や停滞感をＡＩやロボット技術などが打ち破ってくれるというような期待も表明され、科学技術の開発の先端を担う企業こそが新しい社会をもたらす未来の創造者であるかに描き出されていく。人類が達成してきた知や富や人間の労働能力がグローバル資本の下で統合され、最高の力、生産力となり、資本に膨大な利潤をもたらすための巨大な世界改造が、危機を伴って推進しつつある。そしてその巨大な改造力をさらに高める視点から、全てのものの意味と値打ち――人間存在の意味も含んで――が読み取られようとしている。

すでに私たちは、人間の存在の意味が労働力市場で求められる人材としての値打ちに一面化されて計測され、学力もその視点から規定されるような状況に取り囲まれている。人間の共同性は、それ自体が人間の生きる意味を実現するものであるはずだが、経済的生産性の効率化に貢献する共同のあり方のみが評価され、ＰＤＣＡサイクルで共同が強制される。これらの意味の「転倒」――それはグローバル化した巨大な資本の支配力の、人間の認識への反映なのだが――を、もう一度人間存在の根源的な意味の側から批判し、物事の本質を捉え直し、人間の尊厳の実現の展望を切り拓きたい。【注】

【注】この章では、「価値」という概念を、基本的には経済的な価値と把握して使用する。マルクス主義経済学においては、人間労働が価値を生み出し、その価値は人間労働の労働時間に対応した量（交換価値）を持つものと把握される。もちろん、商品は同時に使用価値を担っているので

あり、そのような使用価値としての［価値］を現す場合はそのことを断るか、そのことが分かる文脈において使用する。同時に、一般的には、［価値］という概念はいろいろな文脈において用いられる。たとえば憲法の価値というような使い方である。ここでいう経済的な価値と、それとは異なるより広い意味での値打ちのあるものという意味での価値の概念とは区分して論じていく。たとえば労働は、それ自身が経済的な価値（交換価値）を生み出す働きをもつが、同時に労働は、人間による自然への働きかけであり、人間の目的に沿った代謝作用を担っている。その直接の成果は、使用価値の生産である。さらに労働は人間の共同性を実現する行為であり、人間の存在を実現する方法としての価値をもっている。資本主義的生産様式の土台では、人間労働は、価値（交換価値）を生産し、剰余価値を生み出すものとして、資本による搾取の対象となる。労働価値説とは、そういう視角から人間労働の意味を把握し、可変資本によって買い取られ、資本に剰余価値をもたらすという人間労働の機能――ひとつの歴史的段階である資本主義的生産における人間労働の機能――を解明する理論である。したがって、人間労働の本質や意味が、この労働価値説において全面的に把握されているというものではない。人間存在の共同性は、労働それ自体が求める共同性と不可分に結びついてきた。しかし労働を通した人間の共同性の実現という過程が、資本主義的生産の仕組みによって根本的に疎外され、人と人とがその労働での共同を通して、また労働の成果としての使用価値の生産と交換を通して繋がり共同性を実現し実感していくことが困難となる。労働者は、資本の命令に従って細分化された作業を担い、人間労働の成果としての商品は資本の所有物、資本の力となり、労働が作り出した剰余価値は資本として集積されて労働者を支配する力として現れる。共同性を実現していく本質をもつ人間労働の成果が、人間を資本によって支配される労働者の位置へと追いやるような資本主義経済の労働疎外のメカニズムをいかに克服するかは、人間の共同性の回復にとって最も根幹をなす課題となる。そのことを最初に断っておく。

「知識基盤社会」論は、その中心に、「労働基盤社会」が終わり、「知識基盤社会」へ変化していくという論理を含むように思われる。それは、労働が富（経済的価値）を生み出すという「古典的」な考え——労働価値説——に対して、価値は労働ではなく知こそが生み出すという主張を伴っている。それは、人間労働の多くが不要になる、特に知的な能力の低い労働が不必要になるというような未来像と繋がってもいる。だから、能力の低いものは失業をし、賃金を得られなくなるという恫喝まで行なわれている。しかし、知や技術の開発が人間労働の生産性を高めるとするならば、それは人間労働の作用力が増大することであり、人間の自己実現の力が高まることではないか。そして人間は、より高度化した労働能力を獲得し、労働に誇りを持ち、自然との代謝をより豊かに遂行し、資本の剰余価値の増大という目的に閉じ込められることなくその労働をより豊かな人間の幸福や地球の持続に沿うものへと組み替えていくことが可能になるのではないか。「知識基盤社会」論には、知の高度化がそのようにして人間労働の質を高め、より大きな人間の自由の条件が切り拓かれつつあるという認識が欠落しているのではないか。この章は、この視点から、「知識基盤社会」論を批判的に検討しようとするものである。

なお、この章で使用するマルクスの文献については以下のように表記する。

◇〈表記の方法〉『資本論Ⅰ、Ⅱ、Ⅲ』――〈対応する文献〉『マルクスエンゲルス全集 第23a、23b、24、25a、25b』（大内兵衛、細川嘉六監訳『マルクスエンゲルス全集』大月書店、1965―1967年発行）。Ⅰ、Ⅱ、Ⅲ巻ごとに通し番号を使用するので、a、bの区分はつけない。

◇〈表記の方法〉『経済学批判要綱』――〈対応する文献〉『マルクス経済学批判要綱Ⅰ、Ⅱ、Ⅲ、Ⅳ、Ⅴ』（1857―1858年草案）大月書店、1958―1965年発行（ページは通しページになっているので、巻数は表記しない。）

◇〈表記の方法〉『資本論草稿4～9』――〈対応する文献〉資本論草稿集翻訳委員会訳『マルクス資本論草稿集4―9』（『経済学批判』（1861―1863年草稿、第1～第6分冊）大月書店、1978―1994年発行。

（一）「知・技術」は「価値」を生み出すのか？

1 「労働価値説」による「知」と「機械」の意味

いささか機械的な議論になるかもしれないが、デヴィッド・リカード、アダム・スミスの理論を批判的に継承して、カール・マルクスによって完成されていった労働価値説は、資本主義的生産、資本の増殖要求に主導されて展開する資本主義的生産における富の蓄積の仕組みを解明したものであった。経済的な富、資本主義的生産による資本の蓄積、その増大を可能にしたメカニズムは、労働者の剰余労働の資本による搾取、剰余価値の生産と収奪によるものであることを明確にした。【注】

【注】ここで、マルクス主義経済学において前提的となる賃金と労働力の価値とはなにかについて、基礎的な理解を確認しておく。マルクスは、それまでの古典派経済学において、労働の価値と労働力の価値が明確に区分されていないことを指摘し、賃金とは労働者の労働力の価値（その労働力の維持、再生産に必要な価値）を支払うものであることを明確にした。資本主義の下での正常な雇用においては、労働力はその労働力の価値に相当する額で資本によって買われ、労働過程においてはその労働力の価値を上回って価値を生産し——仮に4時間の労働で労働力の価値に相当する価値（賃金として支払われる価値量）を生み出すとして、実際には8時間働かせれば、4時

間分の労働が剰余価値として生み出され――、その剰余価値部分が資本の利潤として取得されることを明らかにした。その結果、資本によって買われた労働力は、その労働力を買った資本額を上回る価値、剰余価値を生み出すことを明らかにした。だから労働力を買う資本は唯一「可変資本」（その価値が生産過程で変化し増額する資本）と呼ばれる。資本を可変資本と不変資本として区分する概念規定はマルクスによるものである。しかし通常、賃金は、労働者の働く全労働時間に支出された労働の対価であるかのように意識される。その結果、資本が、正常な賃金契約――すなわちその給与によって生存権が実現されるという意味での「正常」な契約――の下で労働者を雇用するシステムが、同時に搾取の仕組みを含んでいることが押し隠されていくのである。またこのメカニズムを通して、労働が生み出した価値が資本として蓄積され、あたかも資本それ自身が利潤を生み出すかのように認識されていくのである。（マルクス『資本論Ⅰ』、第17章「労働力の価値または価格の労賃への転化」）

重要なことは、マルクスの理論に依拠するならば、剰余価値は剰余労働によってしか生み出されないということである。すなわち、経済的価値は、労働が生み出すものであって、それ以外ではないということである。しかし知識や技術は、生産力を高める要因となり、それらが生産過程に組み込まれることで、剰余価値生産は飛躍的に増大したのではなかったのか。知は価値を増大させる力として働いたのではなかったか。「科学は富の生産手段……すなわち至福の手段となる」（マルクス『資本論草稿集9』263頁）のではなかったのか。

ここでは、価値を生み出したのは労働だということである。知や技術はこの価値を生み出す労働の生産性を高めることを通して、剰余労働を増大させたのである。労働力の再生産に必要な使用価値分の商品を生産するために必要な労働時間を短くし——労働力の価値を低下させ【注】——、剰余労働の割合と量を増大したのである。そして、その増加した剰余労働時間が生み出した価値（剰余価値）が資本に取得されることで、資本により大きな剰余価値をもたらし、そのことを通して資本の増大という形で社会の富を急速に増加させたのである。それは相対的剰余価値として把握されている。

【注】「労働力の価値を低下させ」と述べたことについて説明しておく。マルクスの経済学理論においては、労働の生産性が上がれば、人間が生きていくため、すなわち労働力が再生産されていくために必要な使用価値を提供する商品は、より短い時間の人間労働によって生産される。人間労働は、同一時間に同一の価値を商品に付加し、短い労働時間ではより少ない価値を商品に付加する。そのより短い労働時間によって作り出されたより価値の少ない商品——しかし生産力の高度化によって、その使用価値の量は減少しない商品——で生きていけるようになるとすれば、人間の労働力の価値はより短い労働時間が対象化された安価な商品の価値（交換価値）によって表されることになる。したがって生産力が上がれば、労働力の価値は低下することとなる。

その相対的剰余価値の獲得が追求されるために、資本主義的生産の土台の上での機械による生産の段階において、知と科学技術の発展が急速に促されていく。「科学的な要因は、資本主義的生産とともにはじめて意識的かつ一段高いレベルに発展させられ、利用されるのであって、以前の時代には思いもよらなかったほどの規模でよびさまされる……。」（『資本論草稿集9』266頁）

しかし、知はどうやって生産性を高める力として機能するのか。それは自然力の利用であり、この自然力を無償で、資本の生産力として合体するからである。たとえば蒸気機関に関する知と技術は、熱力学を応用して、加熱による水蒸気の圧力から人間の力の何百、何千倍もの動力を取り出す。確かにそのための石炭や蒸気機関は必要になるが、それらの燃料や装置——不変資本の投入によって生産過程に結合される——によって、機械は、無償で膨大な自然力としての動力を取り出すのである。投入された不変資本は、その価値（生産手段もまた商品として買われて不変資本として機能する）を、それが機能する直接的生産過程で作り出される商品に移転するだけであって、決して価値を新たに生み出しはしない。さらに蒸気機関でいえば水は無償で獲得される。その水が熱せられた時に発する強力な力が、蒸気機関という生産手段を通過するなかで、無償で資本の生産力となるのである。機械によって取り出された無償の自然力それ自身は、なんら商品に価値を付加しないのである。知それ自体は、価値を生産しないということはそういう意味を含んでいる。【注】

【注】「蒸気や水などのように、生産的な過程に取り入れられる自然力にも、やはり何の費用もか

からない。しかし、人間が呼吸するためには肺が必要であるように、自然力を生産的に消費するためには、『人間の手の形成物』が必要である。水の動力を利用するためには水車が、蒸気の弾性を利用するためには蒸気機関が、必要である。科学も、自然力と同じことである。電流の作用範囲内では磁針が偏向することや、周囲に電流が通じていれば鉄に磁気が発生することに関する法則も、ひとたび発見されてしまえば、一文の費用もかからない。しかし、これらの法則を電信などに利用するためには、非常に高価で大仕掛けな装置が必要である。」（『資本論Ⅰ』５０４頁）

それと同時に、固定資本として生産過程に組み入れられた機械そのものが「自然力」として無償で働く。もちろん、人間労働によって作り出された機械（固定資本）【注】は、その機械の生産に注ぎ込まれた労働時間分の価値を持つ。そしてその価値を機械の使用期間全体を通して、作り出された全商品に均等に移転する。

【注】マルクス以前においては、固定資本と流動資本という概念で資本が区別して把握されていた。しかしマルクスは、剰余価値を生み出す唯一の商品として労働力商品を捉え、直接的生産過程で剰余価値を生み出すこととなる労働力を購入する資本を可変資本と把握し、ただその価値を商品に移転する機能しか持たない生産手段や原料などに充てられる資本を不変資本とした。そのことを踏まえるならば、固定資本と流動資本という概念は、資本の流通過程上の差異を示す概念

となる。この章では、不変資本のうち、主に機械などとして、そこに高度な知や科学技術が組み込まれており、直接的生産過程でその価値を、その耐用期間全体を通して少しずつ商品に移転していくこととなる生産手段という形をとる資本のことを固定資本と把握する。

その意味では機械は、商品の価値を高め、したがって商品を高価にもする。しかし機械は、それを作り出した人間労働が付加する価値（機械の価値）の部分の他は、水や資源等々から無償の自然力をとりだす「無償」の「自然力」（『資本論Ⅰ』５０６頁）として働き、高度の生産力を実現し、商品の価値を引き下げ、人間労働の生産性を大きく高度化する。あるいはまた正確、緻密、高速度な作業を、複雑な物理・科学法則（知と技術）を機械に組み込むことで遂行し人間労働でそれを行なった場合の商品への価値の付加量と比較して大幅に縮小された固定資本の価値移転によって代替し、生産力を高め、商品の価値を縮小するのである。だから「固定資本の発展は、一般的社会的知識（Wissen, Knowledge）がどの程度まで直接的生産力となったか、したがって社会的生産過程それ自体の諸条件がどの程度まで一般的知性（general intellect）の支配下にはいったか、この知性にしたがってどの程度まで改造がおこなわれたか」（『経済学批判要綱』６５５頁）を示す指標となる。そして巨大な資本の蓄積は、固定資本にさらに高度な知を合体させる過程ともなり、ますます生産性を高め、剰余価値を増大させる。【注】

【注】しかし補足として述べておくならば、機械の導入は、逆に人間労働の「受動性」を多くの労働にたいしてもたらす。「これらの行為は、全てその受動性を、つまり機械自身の作業と運動に適応し従属することを、そのきわだった特徴としている。この受動性という専門的技能が、すなわち専門的技能としての専門的技能自体の消滅が、機械労働の特徴なのである。機械製作業場そのものの内部で行われる改善は、機械製作業場自身の基礎上で新たに成長してくる全ての熟練をあたう限り排除することに向けられる。それ故、機械労働は、まったくの単純労働である。すなわち単調性、内容の欠如、そして機械への従属であるそれは、労働としては生気を奪う労働であり、マニュファクチュアにおける分業の場合と同様に、個人を労働のもとに完全に従属させることを必要とするような労働である。この労働は、専門的技能の発達をさまたげるが、しかしそれ自身がこの専門的技能の欠如をふたたび専門化するのである。労働者が労働においてみいだす自己充足は、ここで最後の一片まで脱落し、労働の無内容そのものがひき起こす絶対的無関心［が生まれ出る］。」（『資本論草稿集9』207頁）

2 相対的剰余価値と特別剰余価値について

そのとき、このメカニズムは二様の働き方をする。第一は、相対的剰余価値の増大として、第二には、その一変形でもあるが、特別剰余価値の獲得として。特別剰余価値とは、ある個別企業が、その商品の社会的生産力水準を超えて、特別に高度な生産力を実現して商品を生産することで、相対的剰

余価値を超える剰余価値を獲得することである。【注】

【注】以下の文章は、特別剰余価値の規定として読むことができる。

「新しい機械を採用する場合、生産の大量がまだ旧生産手段の基礎の上で続けられているあいだは、資本家は商品をその社会的価値以下で得ることができる。といっても、彼は商品をその個別的価値以上に、すなわち彼が新たな生産過程のもとでのその商品の生産に必要とする労働時間以上に売るのであるが。したがって、この場合には、剰余価値は資本家にとっては販売——他の商品所有者から詐取すること［Übervorteilung］、商品の価格をその価値以上に高くすること——から生じるように見えるであって、必要労働時間の減少と剰余労働時間の延長とから生じるようには見えないのである。とはいえ、これもまた単なる外観にすぎない。労働はこの場合同じ事業部門の平均労働とは違って、例外的に［高い］生産力を得ている結果、この労働は平均労働に比べて、より高い労働になっているのであって、その結果、たとえばこのより高い労働の一労働時間は平均労働の5／4労働時間に等しいのであり、より高い力能にある単純労働なのである。だが資本家は、この労働にたいして、平均労働に支払うのと同じように支払う。こうして、「新たな労働条件のもとでの」より少ない労働時間が平均労働のより多くの労働時間数に等しいものになる。資本家は、この労働に平均労働として支払い、しかもこれを、その通りのもの、すなわちより高い労働——その一定量は平均労働のより多くの量に等しい——として売るのである。……

したがって、彼は資本家に剰余労働としてより多くの労働時間数を与えるのであって、まさにこの相対的剰余労働こそが販売の際に資本家に商品の価格のうちのその価値を超える超過分を提供するものに他ならない。だから、資本家はこの剰余労働時間、あるいは同じことであるが、この剰余価値をただ販売でだけ実現するのであるが、しかしこの剰余価値は販売から生じるのではなく、必要労働時間の短縮としたがってまた剰余労働時間の相対的増大とから生じるのである。新しい機械を採用する資本家が平均労賃よりも高い労賃を支払った場合でさえも、正常な剰余価値を超える、すなわち同じ事業部門の他の資本家によって実現される剰余価値を超える超過分、彼によって実現されるこの超過分は、この［より高い］労働が平均労働を上回るのと同じ割合では労賃が高められないことから、したがっていつでも剰余労働時間の相対的増大が生じることから発生するのである。したがってこのケースもまた、剰余価値は剰余労働に等しいという一般的法則のなかに含まれるのである。」（『資本論草稿集4』514―515頁）

相対的剰余価値の獲得は、社会の生産水準の一般的なレベルに対応している。この科学技術の水準に到達できない企業は市場競争で不利になり、時には排除される。だからその社会的な生産水準を組み込んだ機械の使用を導入することは、企業にとっては不可欠の条件となる。ところが、社会的な水準を個別の企業が大きく抜け出て、より高い生産性を獲得できれば、その個別企業は特別剰余価値を獲得できる。科学技術が急速に発展するなかでは、より多くの利潤を得て市場競争で勝ち抜くためには、この特別剰余価値を獲得することが非常に重要になる。そのため、このことは、「競争の強制法則として、彼の競争相手たちを新たな生産様式の採用に追いやる」（『資本論I』419頁）。したがってまた、特別剰余価値は、他の企業を技術で出し抜いている瞬間だけ獲得できるものであり、その意味で「瞬間的な剰余価値」（『資本論草稿集9』393頁）である。

資本主義的な機械化された工場生産は、本格的に科学の力を生産の技術過程に合体し、相対的剰余価値や特別剰余価値の獲得を競わせる競争を呼び出した。そしてそのための科学技術の開発が激しく競争化し、資本が市場競争で勝利するために科学技術開発が推進される事態が、機械工業の発展と共に展開し始めた。とくにこの「瞬間的な剰余価値」の実現のためには、耐えず自己の生産において、他の企業に先んじた技術の開発・応用が不可欠となる。その結果、ますます資本間の技術開発競争が激化する。現代においては、そのための知の開発競争が、世界市場を舞台に激しく展開し、そのためには国家的な知の開発、教育、人材開発システムの関与が不可欠な段階となっている。それはまさに、知識の開発、その独占が、グローバル企業や国家経済の浮沈をかけた競争課題となったことを意味する。そこに、知の開発こそが経済競争の重要な基盤であるとの認識が生み出される。「知識基盤社会」という言葉はその現実を反映したものであると言えよう。

しかしそのような「実感」にもかかわらず、労働価値説は、経済的な富（剰余価値）は人間労働が生み出し、知は労働の生産性を上げることで剰余価値の増大に寄与するという形で作用し、「相対的剰余価値」と「特別剰余価値」が実現されることを説明するのである。

3　技術開発（知の高度化）が労働にもたらす影響の性格

このような仕方で人間労働の生産性が向上し、人間の労働力の価値が低下することは、一体なにをもたらすのか。それは二つの変化、あるいは可能性を生み出す。

一つは、資本にとっての剰余価値の増大の条件を与える。生産手段としての機械の発展は、人間の必要労働時間を縮小し剰余労働時間の割合を拡大する。その変化を、資本にとっての最大限の剰余価値の増大として現実化するには、労働時間の短縮は拒否、あるいは抑制される。さらに、人間労働の作業を代替する機械を安価に開発できれば、労働者の雇用を縮小（可変資本の削減）して、人間が行なう労働を機械の作業に置き換え、商品の価値を低下させる――より安い商品を作る――ことが可能になる。同じ作業において、人間労働に支払う価値（賃金）よりも、機械（固定資本）が個別商品に移転する価値の方が少なくなる条件があれば、人間労働を機械やロボットに置き換えた方が有利になる【注】。その結果、労働者の一定の解雇（可変資本の縮小）も可能になり、あるいは今までの労働者雇用数のままでもより拡大した生産が可能になり、資本の獲得する剰余価値を大きく増大させることができるようになる。その現象は、科学技術や知が、労働者の雇用を縮小し、失業を生み出すこととして把握されるかもしれない。それは今までも「技術的失業」「テクノロジー失業」という言葉で、指摘されてきた事態である。「ＡＩと」ロボットは、「社会の隅々まで人間の労働を機械によって代替しようとする技術的可能性を資本に与え」るのである（野口義直「ＡＩと資本主義の未来」『経済』２０１８年12月号、新日本出版社、36頁）。

【注】ここでは〈人間労働の機械やロボットによる置き換え〉と述べた。しかしそれはより厳密に述べておく必要がある。これは正確には可変資本を不変資本で置き換えるということである。ロボットもまた機械である。それは高度な知と技術（AI技術）が固定資本に組み込まれたものである。固定資本は、ただその価値を商品に移転することができるだけで、決して剰余価値（剰余労働）を生み出しはしない。しかし固定資本に組み込まれた高度の知や技術（この場合ロボットや機械）は、その生産過程により高度な生産性を実現し、その結果、人間労働の生産性をより高度化し、人間の労働力の価値をより短い時間で生み出し、その分だけ労働者の剰余労働（時間）を増大させる。その増大量が、新たに雇用を増やして労働力（したがって可変資本）を増加させることで増える剰余価値量を上回る条件があれば、企業は、新たな雇用を拡大するよりも、新たなロボットの導入を選ぶであろう。そのより厳密な判断基準は、「資本は、充用される労働を支払うのではなく、充用される労働力の価値を支払うのだから、資本にとっては、機械の使用は、機械の価値と機械によって代わられる労働力の価値との差によって限界を与えられる」（『資本論Ⅰ』512頁）こととなる。

しかしもう一つの可能性が生み出される。すなわち、必要労働時間の短縮が可能になり、労働時間の短縮を、給与の低下なしに、あるいは労働力の価値に等しい賃金水準を維持したままで実現できる条件が拡大する。それは資本主義的生産の土俵においてもそうである。しかし、資本主義的生産は、資本の増殖欲求を根本的な動機とする経済システムである。しかも労働力は唯一の剰余価値を生み出す商品である。すなわち、「資本にとっては、労働能力の使用価値とは、まさに労働能力が、それ自身に対象化されている労働量を超えて、それゆえその再生産に必要な労働量を超えて提供する超過労働力のことである」（『資本論草稿集9』430頁）。したがって、資本は、剰余価値の増大の視点からは、労働時間の短縮を拒否し、時には不払いの労働時間の延長すら画策する。労働時間の短縮、自由時間の拡大は、資本とのたたかいの課題となる。

4　直接的生産過程に入り込まない「知」による利潤の増大

しかし、今日の経済生産と市場競争においては、知は、商品の直接的生産過程で働いて資本により多くの剰余価値をもたらすだけではなく、それ以外の方法と回路を通しても、企業の利潤を増大させることができる。具体的に挙げれば次のようなものである。

①市場戦略のための知の役割

市場競争に勝ち抜くためには、単に直接的生産過程の生産力を高度化することに止まらず、それとは異なった局面でも知と情報の独占や優位性を獲得することが不可欠となる。たとえばそれは、世界のどういう条件を結合するかの企業戦略の形成、顧客のニーズ把握、商品販売戦略、等々を有利にする。インターネットを介して、世界的な規模で生産や販売が結びつけられる段階ではそのことの意味はますます大きくなる（第1章で検討したロバート・ライシュのいう「グローバル・ウェブ」論を参照）。それらの知と情報は、直接に生産過程に組み込まれてその生産性を高める作用を及ぼすものではないが、独占価格や市場独占などをもたらし、膨大な利潤をもたらすことができる。金融市場における取引や株式の投資などでは、情報把握と操作技術は、そこで勝ち抜き、資本を増大させるために、不可欠となっている。さらに、グローバルな経済競争は、国家の経済戦略と不可分に結び付いており、政治を動かす情報や知の獲得は、国家政策をグローバル企業に有利に展開させるためにも不可欠となっている。国家を超えるグローバル資本の政治力は、ウルリッヒ・ベックの指摘するように、世界からの情報の獲得における優位性によって生み出されている面をもつ（第6章参照）。

②知の特許化、知の商品化

知が、それ自体として商品化され、市場で売られて、利潤をもたらすということが拡大している。資本を注ぎ込んで研究開発部門を独立させ、その生産物を企業が私的に独占し、直接商品として人びとや他の企業に売ったり、あるいは特許などによって、知や技術に価格をつけて利用させる方法である。特別剰余価値の獲得にとって、新しい知の開発は、個別企業にとって大きな意味を持つ。そのため、巨大企業は莫大な投資を行なって研究開発部門を展開させていく。そしてその投資に見合う知の開発を目指す。その研究開発部門は、必ずしも平均利潤率に対応したような利潤をもたらすわけではないが、その部門なしに競争に勝ち抜けないという点で、さらにまた新たな開発に成功すれば莫大な利潤を獲得できるので、より拡大した企業活動――特にグローバルな経済活動――を推進しようとする場合には、不可欠となる。そしてその成果は、自社の生産力の高度化に直接貢献するにとどまらず、発見・開発された知そのものが、特許などを含んで、商品として売られていく。そういう商品化された独占知は、いつでも独占的商品として価値以上に売れる可能性も高い。特にデータ商品の場合簡単にほとんど無料でコピーが可能であり、それが大量に販売されれば膨大な利潤が獲得できる。

特許の場合は、開発した知や技術が私的な知的財産化され、その使用に一定の「価格」が付される。しかし一般に特許や著作権は、期間を限ってのものであり、それらの知的財産を生み出すために必要な努力（研究労働）や負担の回収を中心的な目的としており、その投資額が回収されたあとは社会の共有財産（共有知）となると考えれば、その知的生産物は一定の経済的価値を、それを生み出す知的労働によって付加されてはいるが、知そのものが価値を生み出すと考えることはできない。そのような特許制度の管理下に置かれるときは、知は、その開発労働によって付加された交換価値を担った商品として機能する。しかし、デジタルデータ化された情報商品は、その管理を超えて、ほとんど製作費ゼロで――すなわちそのための労働なくして――複製されて、膨大な利潤をもたらす。【注】

【注】知やデータそれ自体が使用料として「価格」をつけられて消費される場合は、それ自体が「商品」として流通し、資本に利潤をもたらす。その場合、ワンクリックでコピー可能なデータ

は、大量化するときは事実上生産費ゼロとなる。そのとき、資本から見れば、情報それ自体が無限の価値を生み出すかのように現象する。しかし開発費（＋平均的な利潤）回収が終わった段階で、そのデータが無償提供されるならば、その知は、知・情報の共有財性という性格において把握され、知自体は価値を生産するものとはならない。だが、現実には、この知・データの使用料が、特許や「コピー」権として、その開発費用（商品の価値）を超えて徴収される場合は、資本から見れば、知・情報は、それ自体が価値を生み出す商品であるかに把握されうる。しかしその場合、ほとんど追加労働なしに無限にコピーされる商品は、それを買う労働者の賃金を生み出さない。人間労働によって交換価値を付加されない商品は、労働者が獲得する賃金を生み出さないゆえに労働者に購買力をもたらさない。そのために、そういう商品が大量化すれば、経済循環を断ち切る。その矛盾を阻止するためには、知・情報それ自体の使用料を妥当なレベル（知の開発費）に抑制する必要がある。そしてその範囲では労働価値説は維持されている。労働価値説は、そういう側面から見れば、資本主義的な経済循環を成り立たせる根本的原理としての性格を背負っていることが分かる。この問題に関連して、北村洋基は、ソフト開発（ゲームソフトやコンピュータソフト開発）において、個々のケースを取り上げるならば、ほとんど売れないソフトや100万本も売れるソフトがあることを例に挙げながら、「いずれにせよ一本のソフトや映画、一枚のCDというレベルで価値法則を問題にするのではなく、生産価格レベルを前提とした上で、いわゆる業界レベルにおける価値法則（市場価値論）→個別資本（企業）レベルにおける価値法則→個別商品レベルにおける価値法則というように下向して、議論すべきであろう」と述べ、全体として、価値法則は貫かれることを指摘している（北村洋基『情報資本主義』大月書店、２００３年、３２７―３３２頁）。ただその場合でも、データ商品のほとんど追加労働なしのコピーによる大量「生産」という事態は、新たな検討課題となる。

③情報の商品化

今、知と情報（データ）とを区分するならば、情報が経済的な価値をもつものとして商品化されるという事態が広がっている。ＡＩによるビッグデータの解析があらたな知や技術を生み出すようになってきている。また、各種のデータが、市場戦略にとって重要な役割を果たすことから、情報それ自体が商品として取引される事態も広がりつつある。しかしデータは、ＩＴシステムを設置してデータを取得したり、入力し集積する労働が必要な場合もある。無数のコンビニなどのレジにデータを打ち込む労働の成果がビッグデータとして集積され、あるいはバーコードシステムによってほとんど機械化されて、流通管理企業に集積されもする。あるいは、スマホの端末から入力されているデータは、ほとんど無償で、そのセンターに集積され、その企業の独占的所有物となる。資本は、いわば未開発のままの情報資源を、無料で、あるいは安価で集積し、私有し、そこから知を開発し、あるいは情報として販売するなどして、まさにそれを資本の力、財産にするのである。そしてＧＡＦＡ（Google, Apple, Facebook, Amazon）などのグローバルデータ企業が、そのことによって、膨大な情報をほとんど無償で集積し、ビッグデータを取得する。それらは本来、社会的共有財としての側面をもつと考えられるが、今日のシステムでは、情報企業や国家——情報通信のインフラや流通をコントロールする技術（ソフトやプラットフォーム）を資本として所有する主体——がそれらを独占し私有することができる。そして私的企業に私有されたそれらのデータは、価値をもつものとして商品化されたり、新たな知を獲得させる資源として利用されたりして、企業に利潤をもたらしたりもする。集積された情報（ビッグデータ）は、ＡＩ技術の発展によって、新たな知をもたらす資源となる。そのようにして資本は、巨大な利潤を手にすることができる。【注】

【注】知と情報とデータの区分について、ここでは、それらを経済的生産において果たす役割という点に限定して、以下のように把握している。知とは人間の認識活動を経て獲得され、文字化あるいは記号化された知識、文化のことを指す。この知は、基本的には社会的共有財となるが、特許を通したり、あるいは資本が開発することで私有されたりして、時には商品化されることもある。それにたいして、情報とは、それらの知識や認識、ソフト、作品あるいは意味を持ったデータなどが経済的生産の過程に入り、加工の対象となったり商品化されたりし、しかもそれらはデータとして無限に複製可能な性格を持って存在しているもの（アプリソフトなども含む）と把握する。その意味では情報は、その作成、加工に関わって人間労働が関与し、それに対応した価値をもつものとして存在している。またそういう加工や作成が基本的には資本によって行なわれ

ると把握するならば、企業によって作り出される商品という形をとることになる。データは、人間による加工や分析の対象になる前の「情報」と把握する。しかし集積労働が必要な場合は、データであってもそれに対応する経済的価値を持つものとなる。ビッグデータは、新たな知を生み出す有力な資源となる。情報ネットワークを固定資本として私有し、あるいはプラットフォームを提供する企業は、それらの条件によって膨大なデータを極めて安価で、ほとんど無償に近い形で、時には情報入力労働への支払いをしないで——たとえば個人の端末からの入力として——取得する。そしてそのデータを、独占的価格で売って膨大な利潤を得ることも可能になる。加えて情報やデータは、物理的な物品ではなくデータ商品として存在することができ、コンピュータ上のワンクリックでほとんど無償で「増産」できるために、それ自体が価値を生み出すかに現象する。しかし、その商品の生産に投入された労働の価値こそがその商品の価値となるという労働価値説からすれば、そういうコピーで増産される情報は、コピーによって無限に使用価値を増加させうるとしても、逆に交換価値は無限にゼロに近づくこととなる。しかし資本は、その価値（本来の交換価値）を大幅に超えた価値（価格）で売ることで膨大な利潤を得ることができる。資本主義的生産システムの上では、この情報を巨大な資本が独占的に集積・取得し、占有し、利潤獲得戦略に利用することができるのであり、そのため、情報やデータ自体が価値を生み出すかに現象する。（情報資本主義に関わって情報概念をどのように把握するかの議論については、北村洋基『情報資本主義論』「第一章　『情報』をどのようにとらえるか——言語と労働と情報」を参照。）

一つ補足しておく必要がある。このようにして、市場で大量に情報のコピーが商品として販売されるとき、その商品の価格に対応する労働者の収入が生み出されない状態が生まれる。単なるデータコピーでは、ほぼ人間労働がゼロとなるが、使用価値はそのコピーによって増大する。それを生産する労働者の労働はほとんどゼロとなる。したがって、本来その商品は無料に近いものとなる。しかし、そのコピー商品――たとえばパソコンのOSやソフト――は、相当な価格で売られて、企業に膨大な利潤を生み出す。にもかかわらずその商品を生産する労働がほとんどないのだから、給与が発生するわけではない。その結果、消費者は賃金からではなく、自己の既得の所得から支出して、その商品を買う。そのようなデータ商品が大量に複製されて膨大な売り上げ（利潤）を資本にもたらすということは、消費者（労働者）の所得（富）がデータ資本の所有へと移し代えられていく（収奪される）という事態を引き起こす。このような商品が増大すれば、社会の富はますますデータ企業の下へと集積され、多くの労働者は貧困に追いやられる。そして社会全体としての購買力の低下が起こり、経済循環自体が困難になる。情報の商品化という問題はこういう新たな問題を大規模に引き起こす。それは知やデータが富を生み出すかのような現象を、深刻な矛盾を伴って、より大規模に生み出す。

この問題は、知や情報がデータ化されて、まさに社会的共有財としての性格がより普遍的に実現可能になるという技術の発達段階において、それにもかかわらず、情報自体が資本に私有され、資本の利潤を生み出す商品として利用されるというギャップによって引き起こされる事態――したがって、高度な情報技術段階における資本主義経済に特有の現象であると把握することができるだろう。だから この矛盾は、情報化された知やデータを、資本の私的所有形態から解放して、社会的共有財としての性格をどう実現するかという課題と結びついて解決されるべき課題となる。

この点については、ポール・メイソン『ポストキャピタリズム――資本主義以後の世界』（佐々とも訳、東洋経済新報社、二〇一七年）の第五章「ポスト資本主義の予言者」の展開が説得的である。

④補足――プラットフォーム企業の展開をどう見るか

プラットフォーム企業とは、ネット上で、基盤（アプリやスマホなど）を提供しているデジタル・情報企業のことを指す。その利益は、膨大なアプリ利用者からの収益に加えて、ネット上の広告、情報の独占的蓄積による利益、またアマゾンなどに見られるようなネット販売システムによる膨大な手数料などがあり、アメリカのＧＡＦＡ（Google, Apple, Facebook, Amazon）、中国のＢＡＴＨ（百度（バイドゥ）、アリババ集団、テンセント、ファーウェイ）などがグローバル企業のトップへ進出しつつある。これらが展開するデジタルエコノミーを巡って、その膨大な利潤を生み出すものはなにかについての議論が展開されている。一つの考えは、知それ自体が価値を生み出すという変化が起こっているという把握であるが、現時点では、以下のような考え方に同意する。

「アップル、グーグル、フェイスブック、アマゾンにしても、彼らは価値を創造しているという考え方と、価値を収奪しているという考え方があります。しかし、モノを生産して生み出される価値はそのまま実現されるのではなくて、ネットワークを通じて実現される、価値が移る、これがいまおこっている現象だと思います。それは価値創造だという考え方もあれば、価値を移転・収奪する仕組みを作ったけれど、価値そのものはモノ造りから生まれると考える考え方もあります。……商品販売にしても、本来は小売業者のところに販売の利益が落ちるはずなのに、アマゾンによってネット上で商品が販売されると、小売業のところだけでは価値は実現されないことになります。」／「プラットフォームで価値が生まれるか否かという議論は、経営学で以前からあった議論とも関係します。マネジメントは企業にとって必要な機能ですが、価値を生み出すか生み出さないかという議論につながります。二通りの理解があっていいとは思います。しかし、私はGAFAが、プラットフォームを通して個人情報を『無償』で取得し、利用している、と見る立場です。プラットフォーマーは個々人のデータを集めることで、データを集積すればするほどAIの精度も上がりますし、その結果、新しい製品やサービスの開発に役立ち、顧客の囲い込みもすすみます。個人情報を集積することが、経済的価値や富を生み出すのです。それが『データ独占』とか『データ資本主義』と言われるものです。」（「座談会　多国籍企業の展開をどう見るか」（『経済』２０１９年６月号、新日本出版社）での夏目啓二氏の発言、40―41頁）

整理すれば、プラットフォーム企業は、以下のような手法で膨大な利潤を取得する。（合田寛「デジタルIT企業と国際課税ルール――GAFAなどの収益構造と多国籍企業に対する課税」『経済』2020年1月号、新日本出版社、参照）

(1)その情報活動基盤（プラットフォーム）の提供において、独占的な位置を占め、数千万単位の利用者から、その提供による膨大な使用量を獲得し、

(2)各種のデータ入力活動の成果を無償（あるいはほとんど無償）で獲得すること、また自らの所有する情報ネット基盤にいわば半分自動的に集積されるデータを独占的に取得するなどによってビッグデータを取得し、そこから膨大な利潤を取得し、

(3)先に見たように、商品としてのデータを、大量に複製・販売することによって、膨大な利益を取得し、

(4)巨大な流通・販売システム（バーチャルな商店）をプラットフォーム上に独占的に構築して利益を得、あるいはそこに出品する販売業者の売り上げからも膨大な費用を徴収して利益を上げる。

知や情報をこのように捉えることの意味を再度考えておきたい。そもそも資本主義経済を貫いて、そこで基準となり、関係を律し、価値を循環させる役割を担うものとして交換価値を捉えるということがその根本にある。それは、人間が、生きていくのに必要な使用価値の獲得において、無償でそれが得られないとき、その使用価値は、人間の労働によって作り出されなければならないということに

よっている。そしてその使用価値を担った商品を交換する際に、そのものを作り出すための労働時間が、その商品（生産物）の交換価値（価値）として認定されるということにある。資本主義経済とは、労働者の労働力の支出が生み出す価値が、賃金と剰余価値（すなわち利潤）という形をとりつつ循環する仕組みである。労働者の労働力の再生産に必要な労働時間に相当する価値が賃金として労働者に支払われ、それを超える剰余労働に対応する剰余価値が資本に取得され、その剰余価値量の飽くなき追求が生産の根本的目的、動機として展開していくのである。知や情報の獲得もまた、資本の論理に包摂され、剰余価値の生産と蓄積を目的として利用され、意味づけられていく。だから、知や情報の資本主義経済における役割や意味を明確にするためには、それらが、この剰余価値生産とその集積に対していかなる仕方で関係するのかが明らかにされなければならない。その意味において、労働価値説の基盤の上で、知や情報の機能を明らかにすることが必要となる。しかし同時に、剰余価値生産を目的とする生産様式は資本主義経済に固有の特質であって、それが克服されていくとき、知や技術が、どのような論理でもって開発され、利用され、発展していくかは、この剰余価値生産を目的とする論理を越えたところで、解明されていかなければならないだろう。

5　資本による知・技術の包摂

知は、以上に検討したようなプロセスを経て、資本主義的生産において、その生産性を急速に高めるとともに、資本に利潤をもたらす。資本はこの「至福の手段」を独占し、利潤を増大させようとする。知の開発が無限に競争化され、その競争に勝つことが特別剰余価値の獲得や市場独占にとって決定的な意味をもつようになる。市場がグローバル化することによって、そういう先端的技術を持つ企業間の競争が、世界化する。加えて国家の新自由主義化によって、国家権力とグローバル企業とのあらたな緊密な協力関係が生まれ、世界競争が一層構造化する。

そういう体制の下で、企業の知と技術の開発部門が拡大する。知の開発が企業の競争戦略にとって死活的な意味をもつようになり、莫大な資本が投入されていく。今日ではその拠点は、企業の開発部門と国家的な研究開発部門、そして公教育——とりわけ高等教育部門——となってきた。その結果、企業と国家の共同による巨大な技術開発システムが構築され、それはまさに「知識基盤社会」という印象を作り出す物的土台となる。

以上のようにして、知や情報それ自体が人間労働に替わって価値を生み出すという論理ではなく、知や情報は、労働価値説の論理の上で、資本に巨大な利潤をもたらすことが説明できる。

(二)「労働価値説」と「剰余価値」概念はどこまで有効性を持つか
——労働の未来に関わって

1 前提——剰余価値と労働価値説の歴史的射程

まず、労働価値説、それと不可分な剰余価値概念をどのように把握するかが問われる。マルクスが完成していった労働価値説に立つ経済的な価値循環の定式は、そのなかに労働が不可欠な位置を占めており、労働力が資本（可変資本）によって買われ、生産過程に労働力が結合され、そこで交換価値が生み出され、そこから労働力の再生産に必要な部分が賃金として労働者に支払われ、残りの部分が資本の利潤（剰余価値）として蓄積されていくということを明確にしている。そして労働者に支払われる賃金が、生存権実現のために必要な商品購入のために支出されることで、資本（企業）の生産した商品が買われて消費され、資本主義経済が循環していくことが示されている。

第一に、この労働価値説は、社会の富はどのように形成されるのかについての新しい発見であった。マルクスは、労働力の価値（労働力の再生産に必要な価値＝賃金＝A）とその労働が実際に行なわれる労働時間に生み出す価値と（A＋a）との差が剰余価値（a）として、社会の富が蓄積されていくことを明らかにした。

第二に、マルクスはこの労働が生み出した価値が、賃金、利潤、地代として現れることを明確にした。そして生産手段の私有という資本主義的生産の仕組みによって、この労働者が生み出した剰余価値（a）が資本家の取り分として搾取され、資本として集積され、巨大な社会的力となり、労働者に対する支配力として機能することを解明した。

第三に、資本主義的経済システムの下で国家に徴収され、国家の財政として蓄積される富（企業から徴収される法人税や国民から徴収される所得税）もまた、本質的には労働者の労働によって生み出された価値に由来するものであることが明確となる。だから労働価値説の下では社会の富が、また福祉財政を含んで国家財政そのものが、労働者の労働が生み出した価値によるものであって、それらの財政は、国民主権の意志に沿って、労働者（国民）の生存権、幸福追求権のために支出されるべきものであることが明確になる。

第四に、この労働価値説は、資本主義的生産によって産み出された商品は、市場において販売され、それが労働力の価値として労働者に支払われた賃金によって買われることで、経済循環が成り立つことを明らかにした。だから、資本が利潤を増大させるために労働力の価値を下回って給与を切り下げるという方法を行使するならば、労働者の生存が危険に曝されるだけでなく、資本主義経済そのものの循環の危機に繋がることを明らかにした。

第五に、資本は、剰余価値の蓄積により固定資本を増大させて生産力を高め、そのことを介して人間労働の生産力を高め、ますます必要労働時間を短縮し、剰余労働の量を増大させ、そのより増大した剰余価値を資本に吸収してますます自己（資本）自身を増殖させていくことを明らかにした。しかしそのことはまた、人間の自由時間の拡大の条件を作り出す。そしてそのことを通して、剰余価値生産を推進力とする資本主義経済それ自体の歴史的役割を終わらせ、人間の真に自由な発展を可能にする新しい経済の仕組みを引き寄せるということを明らかにした。

そのような意味において、マルクスの労働価値説は、資本主義生産の基本的な仕組みと、資本主義経済の歴史的役割、その変革の見通しをも明らかにするものであった。

2　知が価値を生み出すかに見える事態――物象化の一つの形

しかし、資本の論理のみが展開するならば、現代のグローバルな企業は、特別に先端的な技術開発を独占し、社会的水準を大きく超える生産性を実現し、さらには生産過程全体の機械化、自動化を実現して労働者の雇用を縮小し、他の資本を圧倒する商品を低価格で生産し、世界市場を独占支配し、膨大な利潤を獲得することができるようになる。知と技術の独占的開発がそれを可能にする。

だから、現代の競争においては、知こそが利潤を生み出す源泉だと認識されて、世界はまさに知識基盤社会であると認識されるだろう。さらに、莫大な資本と高度な科学技術の結合体を獲得したグローバル資本が、他の企業を打ち負かし、わずかな労働力だけで、社会の富のより多くを取得していくという格差社会が進展していく。その中で、資本と科学技術の結合体が、あたかも自動的に商品を生産し、市場を支配し、富を独占するかの現象が出現する可能性がある。加えて、現在の新自由主義国家は、グローバル資本の戦略を、「規制緩和」によって強力に支援する。AIやロボット、各種の科学技術の開発が、ますますグローバル資本の勝利の条件を高め、その利潤を増大させるために動員されていく。グローバル資本の支配が貫徹された「知識基盤社会」がそこに出現する。

グローバル先端企業は、その商品を、社会的な平均的生産力を大きく上回る力で生産し、平均的な商品の価値と特別な生産力によって実現される安価なその商品の価値との差額の範囲内で、＋αの価格で販売して、特別な利潤（特別剰余価値）を得ることが可能になる。この物事の「最初」と「最後」を短絡させれば、高度な知の開発、独占、その応用が、その特別の利潤をもたらしたこととして現象する。そこでは、確かに、知が、特別な利潤を生み出すこととして結果している。「知識基盤社会」は、この短絡された因果関係を土台にして、多くの人々の社会像を形成していく。そして、価値は労働ではなく、知が生み出すという認識がそこから生み出されてくる。それは資本主義社会の物象化作用の一つの現れと把握することができる。【注】

【注】資本主義的生産の物象化作用の最も基本は、「資本―利子、土地―地代、労働―労賃」という「経済的三位一体」の形で社会の富が表され、人びとの意識に把握されることにある。知が価値を生み出すという意識もまた、最初の〈知が生産手段へと組み込まれて生産力が増大〉し、結果として〈剰余価値量が増大し、資本の利潤が増大する〉ことを短絡させることによって生みだされる意識と見ることができる。

「本来の独自な資本主義的生産様式のもとでの相対的剰余価値の発展につれて労働の社会的生産力も発展するのであるが、この発展につれて、この生産力も直接的労働過程での労働の社会的関連も、労働から資本に移されたものとして現れるようになる。それだけでも資本はすでに非常に神秘的なものになる。というのは、労働の全ての社会的生産力が、労働そのものにではなく資本に属する力として、資本の胎内から生まれてくる力として現れるからである。」（『資本論Ⅲ』１０６０頁）

しかしそれらの物象化作用にもかかわらず、資本主義経済が剰余価値生産を目的として展開しているという事態は、これらの現象の土台に組み込まれており、そこにおいて労働価値説が基本的な法則として働いているということは、否定し得ないように思われる。いやむしろ、労働価値説を土台におくことによって、資本主義的生産、そして現代のグローバル資本主義の展開の中に生まれている矛盾の本質を、その歴史的特質を含めて、明確にすることができるのではないかと思われる。しかし、その点の説得的展開を、教育学を専門とする今の私の力で十分に展開できてはいないというのが、正直な私の思いであることも付記しておく。

労働価値説をどのように扱うかに関わっては、ポール・メイソン『ポストキャピタリズム』が「第6章　無料の機械に向けて」で「この章では『労働価値説』と呼ばれる理論で守りを固めるつもりだ」（253頁）として展開している論理に、ほぼ同意する。参照いただきたい。

3　人間労働の未来――剰余価値、労働価値説はどこまで有効か

①労働の未来

資本は、その剰余価値を増大させるために、絶対的剰余価値や相対的剰余価値、あるいは特別剰余価値の獲得に全力を挙げる。しかしまた、労働者は、自己の生活や労働権を守るために価値の再配分をもとめ（賃金要求）、あるいは労働時間の短縮をもとめ、さらに議会制民主主義を通した国民主権の

意思を介して国家的福祉や社会保障を拡充し、そのための財源として、資本の富の一部分を支出させもする。そしてそれらの力関係を反映しつつ、資本主義経済を基盤にして戦後の福祉国家も形成されてきた。しかしグローバル化が進行し、グローバル資本の力が強大化し、国家が新自由主義化される事態が到来した。資本にとっての生産の目的は剰余価値の獲得であるという仕組みの中で、資本の自由が拡大すればするほど、労働の生産性の急速な向上の成果は、資本それ自身の力を巨大化させるものとして機能していく。しかしまさにそのことを通して、資本は人間労働の生産力を高め、人間労働の新たな可能性を生み出す。

マルクスは、商品には、使用価値と交換価値という二つの異なる「価値」が組み込まれていることを明らかにした。生産性の高度化は、その結果として、同じ使用価値を生み出す商品を作るための必要な交換価値量を減少させ、必要労働時間を短縮していく。ＡＩやロボット技術の発展は、その度合いをさらに進めていくだろう。その変化が、労働時間の短縮に向けられるならば、そして同時に生存権を高度に実現する賃金が保障されるならば、人間の自由時間が拡大する。しかしそのような「改革」は資本の利潤獲得要求と真正面から対立するだろう。資本の戦略によってではなく、社会的な必要に従う富の利用——労働者の豊かで安全な生活、厚い福祉体制の構築、地球温暖化対策、原発を廃棄して再生エネルギーによる地球システムを創出すること、世界の差別や格差是正による紛争や戦争の廃棄等々——を実現していくためには、巨大な資本（社会的富）と科学技術の結合体として生み出される強力な生産力とその成果を、資本の価値増殖欲求から切り離し、あらたな社会的統制形態、あるいは社会的共有形態の下に管理することが不可欠となるだろう。そしてその段階においては、生産力の拡大は、社会的に必要とされる使用価値を生み出すための必要労働を人間の社会的共同性の実現の過程としてより人間的なものとして遂行することと、より豊かな自由時間を拡大するという二つの目的によって推進されるものへと変化していくだろう。その必要労働の「配分」（分担）においては交換価値という尺度が関与すると思われるが——必要労働の配分においては、労働時間を基準とした配分が欠かせないだろう——、次第に人間にとっての富の基準は、自由時間にこそ置かれるようになるだろう。

② 『資本論』の未来社会論について

マルクス自身はその過程をどのように捉え、理論化しているのか。ある意味での断片的な指摘から、どのような労働の未来像と未来社会像を読み取ることができるのだろうか。

(1)資本主義的生産は、剰余価値の資本による取得・蓄積をその展開の動因とする経済システムである。そして市場競争は、その富の取得、利潤の増大によって終焉するのではなく、より強まり、いわば飽くなき利潤の獲得が自己目的化する。他の資本よりも多く剰余価値を生み出し、利潤を蓄積しなければ、そしてそのために高度の知を組み込んだ生産体系を獲得しなければ、競争に勝つことができない。この競争は終わることを知らない。グローバル化した競争においては、いわば完全に地球を征服するまで続き、蓄積欲求はその自己目的化した競争のために更に激化する。資本はそのような循環を通して、生産力の高度化と必要労働時間の縮小（自由時間の拡大）の条件を生み出す。

⑵高度な生産力の達成段階においては、人間の労働の豊かさは、その剰余労働時間の長さ、剰余労働の量――したがってその交換価値の量――に拠ってではなく、労働の生産性の高さによって計測されるようになる。「社会の現実の富も、社会の再生産過程の不断の拡張の可能性も、剰余労働の長さにかかっているのではなく、その生産性にかかっており、それが行われるための生産条件が豊富であるか貧弱であるかにかか」るようになる（『資本論Ⅲ』１０５０頁）。そして次第に短縮される労働時間によって、人間の豊かな生存を実現していく使用価値が生産されるようになれば、それだけ人間は、必要労働時間を縮減し、自由時間を拡大することができるようになる。そして豊かさは、提供される使用価値の豊かさと、人間の自由な発展の根本的条件となる自由時間の拡大とによって計測されるようになる。そのとき、資本にとっての剰余価値の獲得が経済活動を展開する根本の動機になるという資本主義的生産の歴史的使命は、その役割を終えることになるだろう。

⑶そしてそこでは、「直接的形態での労働が富の偉大な源泉であることをやめてしまえば、労働時間は富の尺度であることをやめ、またやめざるをえないのであって、したがってまた交換価値は、使用価値の［尺度］であることをやめざるをえないのである」（『経済学批判要綱』６５４頁）とマルクスは述べている。

⑷しかしまた、「資本主義的生産形態の廃止は、労働日を必要労働だけに限ることを許す。とはい

え、必要労働は、その他の事情が変わらなければ、その範囲を拡大するであろう。なぜならば、一方では、労働者の生活条件がもっと豊かになり、彼の生活上の諸要求がもっと大きくまた、他方では、今日の剰余労働の一部分は必要労働に、すなわち社会的な予備財源と蓄積財源との獲得に必要な労働に、数えられるようになるであろう」（『資本論Ⅰ』686頁）と述べている。そして、「資本主義的生産様式が解消した後にも、社会的生産が保持されるかぎり、価値規定は、労働時間の規制やいろいろな生産群のあいだへの社会的労働の配分、最後にそれに関する簿記が以前よりもいっそう重要になるという意味では、やはり有力に作用する」（『資本論Ⅲ』1090頁）としている。

(5)「それとともに、交換価値に立脚する生産は崩壊し、直接的物質的生産過程はそれ自身窮迫性と対抗性とをはぎとられた形態をうけとる。もろもろの個性の自由な発展、またしたがって剰余労働を産出するための必要労働時間の引き下げではなくて、一般に社会の必要労働のある最低限への縮減、その場合この縮減には、全ての諸個人のために遊離された時間と創造された手段とによる諸個人の芸術的・科学的等の教養が照応する」（『経済学批判要綱』654頁）と述べ、そのような状態では「社会化された人間、結合された生産者たちが、盲目的な力によって支配されるように自分たちと自然との物質代謝によって支配されることをやめて、この物質的代謝を合理的に規制し自分たちの共同的統制のもとに置くということ、つまり、力の最小の消費によって、自分たちの人間性に最もふさわしく最も適合した条件のもとでのこの物質代謝を行うという」「必然性の国」を経、「この国のかなたで、自己目的として認められる人間の力の発展が、真の自由の国が、始まるのであるが、しかし、それはただその必然性の国をその基礎としてその上にのみ花を開くことができるのである。労働日の短縮こそは根本条件である」（『資本論Ⅲ』１０５１頁）と述べている。

そのような「真の自由な国」へ至るためには、必要労働時間のある最低限への縮減、そして自由時間の拡大、その自由時間でのより本格的な人間の自由な発展それ自身が、経済活動、生産力のより高度化の目的として展開する生産の仕組みが生み出されるべきことが予言されている。「必然の国」とは自己の生存や社会の持続に必要な物質的生産を行なう必要労働に拘束された労働を遂行する時間、あるいは生活領域を指し、「自由の国」とはそのような必要労働の拘束から解放されて、自由な創造活動に従事することのできる時間、あるいは生活の領域を指すと把握することができる（ト部学「マルクスは未来社会をどう展望したか」『経済』２０１８年5号参照）。そしてこの「必然の国」と「自由の国」の関係において、「必然の国」それ自体の人間化、そして「自由の国」の拡大こそが人類の未来の希望として把握されている。

その際確認しておくべきことは、剰余価値生産が生産の目的であることを終えても、「必要労働」を人々が分担するためには、価値規定が働くということである――前出「社会的生産が保持されるかぎり、価値規定は、……やはり有力に作用する」――。そしてそれは人間の平等の実現にとっては、一つの条件となるのではないかと思われる。労働時間（の長さ）が価値（富）の量として計測される様式、言い換えれば富が剰余価値として生産される様式の下においては、その剰余労働（したがって剰余価値）を増大させることが生産の目的となり、労働者は、その剰余労働をどれだけ生み出せるかという視点で働かされ、搾取される。それに対して、高度な生産力の上に達成される新たな生産様式の下においては、使用価値の豊かさは必要最小限度に縮小された必要労働時間の生産性に依拠するものとなり、「自由に処分できる時間」こそが人間の豊かさの基準となる。そしてこの自由な時間を、他者に剥奪（搾取）されることなく、等しく獲得できることこそが人間の自由と平等の大きな目標となる。そのとき、残された必要労働を平等に配分すること（分担すること）が必要となるだろう。そしてその限度において、労働を労働時間で計測するという労働の価値規定は、維持されると理解して良いだろう。

補足すれば、おそらく「資本主義的生産形態の廃止」への過程において、おそらくその必要労働の「範囲の拡大」には、破壊されつつある地球的自然の回復のために、膨大な富と人間労働が――まさに社会的必要労働として――投入されなければならないのではないか。さらにまた、公務労働や教育や福祉などの対人ケア労働などが、社会の安心と人間的な生活を実現するための必要労働として、大きく「拡大」されるのではないかと思われる。必要労働のそのような拡大を伴いつつも、全体としての自由時間の拡大が、さらなる生産力の高まりによって、可能となっていくのではないか。【注】

【注】マルクス主義の理論において、高度な科学技術の発展の上で、資本主義的生産様式の廃棄、社会主義的生産様式への移行が進むなかで、機械の高度な応用やロボットの利用も含んで人間の労働時間が短縮され、やがて拘束された労働時間に行なわれる人間労働が縮小していくという展望をどう考えるかという問題は十分解明されているわけではない。この点については、人間の必

要を満たすための必要労働に従事することがはたして完全になくなるのかどうか、他者へのケア労働や養育労働、また知的開発労働、真理探究活動、等々の労働が、同時に人間の本質としての共同性や真理探究活動と一体化し、自由な労働としての質を獲得していくという変容の可能性、等々をも含めて、今後の探求課題となるだろう。この点については、松井暁「人間本質としての労働と『資本論』における『労働日の短縮』」（『季論21』2018春号（40号）、『季論21』編集委員会）は、「労働の（疎外からの）解放」と「労働からの解放」という二種類の「解放」のアポリアの問題として展開している。この点に関わって重要なことは、労働時間の短縮が進行していく歴史的な展開のなかで、必要な人間労働がいかなる意味で残っていくのか、人間にとって労働がいかなる意味をもつのか、生きていくために必要な価値の社会的配分において人間労働がいかなる意味で基盤となるか、労働に変わる、あるいはそこに新たに組み込まれる価値配分の原理をどのように構築していくことが可能なのか等について、現実の歴史的な試行錯誤に即して検討していくことが不可欠になるだろう。

4　生産の地球的限界とマルクスの労働観

このような見通しに対して、そこに無限の生産力の増大というある種の生産力主義があるのではないかという疑問、環境問題等に典型的に現れているような、人類の生産の限界をわきまえないある種の楽観論があるのではないかという批判が寄せられるかもしれない。

しかし、実は、資本主義的な剰余価値生産を動機とする土台の上では、生産の目的はまさに剰余価値生産そのものであり、環境や人権や安全を犠牲にし、膨大な社会的損失を国民の負担へと押しつけつつ、資源の使い尽くし、環境の浪費、人類の未来の剝奪を伴った生産の巨大化が進展させられているのである。まさに資本の本質が「我が亡き後に洪水よきたれ」という構えとして展開しているのである。そしてまたその土台の上では、労働者は、剰余価値生産の手段として捉えられ搾取されるとともに、その経済循環を回転させ、剰余価値を「実現」させる過度に浪費的な消費者としても形成されるのである。このような資本の剰余価値獲得の欲求に人類の生産を委ねていることこそが、まさに地球的な危機を呼び寄せ、豊かさの進行にもかかわらず格差と貧困、破壊的な浪費を拡大しているのである。そして知や技術の開発の成果が、ますますこのような浪費と破壊を進行させる力として機能させられているのである。【注】

【注】この問題について、マルクスは「労働の節約」の問題として指摘している。「社会的に見れば、労働の生産性は労働の節約につれても増大する。この節約には、単に生産手段の節約だけではなく、一切の無用な労働を省くことが含まれる。資本主義的生産様式は、各個の事業では節約を強制するが、この生産様式の無政府的な競争体制は、社会全体の生産手段と労働力との最も無限定な浪費を生みだし、それとともに、今日では欠くことができないにしてもそれ自体としてはよけいな無数の機能を生み出すのである。」(『資本論Ⅰ』686頁)

このような縛りを解き放つことによって、真の豊かさの基準が、全ての人びとの豊かな生活を保障する使用価値の生産、必要労働の縮減と自由時間の拡大、そして地球的自然の維持――環境と生産のバランスの維持――へと置き換えられていくのである。環境の維持・持続を実現するにはより高度な生産の技術が、そしてその技術に依拠した高度な生産力が必要となるのである。そしておそらく、現代の生産力水準は、そういう豊かさの基準の転換を開始するに十分な段階にあると思われる。

自然再生エネルギーの開発がそうであるように、新たな知の発見と技術の開発は、地球的自然や人間の浪費や破壊を最小限にする新たな質を伴った高度な生産力段階を生み出すことへと向けられるだろう。その下で、剰余価値の増大を目標として、生産を無限に拡大することそれ自身を目的とするような経済の論理が組み替えられ、人類の真の豊かさや安全、環境の維持、そして温暖化の逆転という課題にも知と労働が投入されていくだろう。そういう新たな目的の実現のための労働の投入や投資が、国民の意思に沿うものとして――社会的必要生産、必要労働として――、遂行されるだろう。そしてそういう新たな展開を可能にする社会インフラや商品（使用価値）の生産にこそ、高度な技術が向けられて行くであろう。環境破壊的商品は、利潤をもたらすものであっても廃止――あるいは厳格に規制――されていくだろう。人間の必要労働は、より高度な生産力を得て、より大きな人間の自由時間――富のあらたな第一の基準――を拡大し、同時に豊かな生活を可能にする使用価値の増大――富のもう一つの基準――をもたらすために働くだろう。

「知識基盤社会」論は、グローバル化する資本主義的生産の土台の上で巨大化する資本の、あくなき剰余価値の追求、限りない増殖欲求、人類の新たな可能性を閉ざそうとする衝動、知と技術の発展の成果を自己の利益に沿うように独占する衝動を明確に批判する視点を欠き、あたかも現代の経済的市場競争の土台の上で展開される知と技術の開発を、矛盾を克服する未来社会への挑戦として描き出す転倒した未来像を含んだものとなっている。

しかしその延長上に、人々は、子どもたちは、現代の資本の求める人材として自己を形成する競争に勝ち抜かなければ——「知識基盤社会」に対応する高度な知的能力を獲得しなければ——、自己の労働能力の価値も、労働権も、人間としての存在の実現も困難になるという激しい競争社会、ロボットにも人間が打ちのめされ、駆逐される恐ろしい未来社会の到来をイメージせざるを得ない。

そうではなく、今日の人間労働の生産性の高度な展開によって人間存在のかけがえのなさがより豊かに実現される可能性が生まれている。歴史的にみれば、現代、すでに、最も高度な生産性を人間の労働は獲得している。そのような労働能力と、豊かな自由時間の獲得の可能性の高まりは、全ての人間が自己の学力や能力に誇りを持って、自己自身の実現、自己自身の創造としての労働に、また自由な創造に挑戦する可能性を高めている。その土俵において、全ての人間にとって、自己の学力や能力がかけがえのないものとして捉えられるようになる社会の探究が、現実の課題となりつつあるに違いない。

第４章　労働の権利と生存権保障

――新自由主義と雇用の変貌、破壊

今日の学力競争社会では、学力という概念は、労働や資本による経済戦略――現在のグローバル経済の仕組み――と教育の目的とを媒介し、結びつける役割を果たしている。具体的には次のようなものである。

当然のことではあるが、資本主義的な労働力市場においては、個々の労働者は、労働力商品として資本の前に登場し、労働力として買われていく。資本は、その労働力を生産過程に組み込み、商品を生産し、その商品を販売し、剰余価値を取得（搾取）する。そのためにはより有能で、生産性の高い、さらには同じ機能を発揮するならばより安価な労働者を選び、雇用しようとする。その採用・選抜の時点で労働者の所有する能力を評価する基準が「学力」【注】となる。そのようにして、「学力」という概念は、個人の能力形成の営み（教育や学習）と資本の側からの人材要求とをつなぎ媒介する。

【注】それは「労働能力」と呼ぶこともできる。求められる「能力」は、生産の仕方、企業戦略等によって変化し、発展していく。その今日的な変容について、本田由紀は、「ハイパー・メリトクラシー」という概念で把握している（『多元化する「能力」と日本社会』NTT出版、2005年）。そのような資本の側から提示される労働者の労働能力に対する要求が、学校教育において獲得目標とされる学力のありように反映する。そのことを前提として、ここでは、就職の入口において労働者の所有・獲得すべき能力（労働力市場で評価される労働能力）と学力とを共通のものとして扱う。厳密にいえば、労働能力と学力は同一ではないことは当然である。

第一に、高度成長期をとってみても、学校的学力と労働現場で求められる労働能力の間には、大きな開きがあり、企業は高校や大学への入学試験で評価される一般的学習能力を採用の基準とし、労働現場で発揮されるべき具体的な労働能力の多くは企業内教育において育成していった。しかしそういう複雑な「回路」を媒介として、企業の側の労働能力要求実現のために、特定の「学力」の形成・獲得が、教育の場の目標となるという意味では、学力は、労働の場からの人材要求を学校教育の目標に組み込む役割を果たす。そういう意味を含んで、ここでは労働の場で求められる労働能力と学力とを特に区分しないで扱う。

第二に、人間に必要な能力の全体を視野においた学力は、労働能力だけではなく政治的主権者としての力、あるいは多様な文化主体として生きる力等々を含んで、全体的なものである。その全体性を無視して学力を労働能力に一面化するような把握が教育に持ち込まれるならば、人間形成は歪む。そのような学力観は批判の対象である。しかし、どのような学力を形成すべきかというときに、労働の場から提起される能力への要請に応えるということは必要なことである。ここでは、そのような人間の能力のなかの労働能力に限定して、その限りにおいて、労働能力と学力とを、深くつながったものとして把握し、学力と労働能力の関係を論じる。(注1)

日本の高度経済成長の時代においては、国民国家単位の経済発展力を基礎に国際的な経済競争が展開された。その意味では国民国家の総力戦として経済競争は展開した。企業はそのような総力戦的な体制で国家的支援を受けつつ競争力を獲得していった。その一環に学校教育が位置した。非常に高い利潤を長期にわたって実現した日本の高度経済成長の時代においては、企業は、終身雇用と年功型賃金を基本とする「日本型雇用」を一般化し、その雇用システムに見合った競争的な学力形成を担う「競争の教育」が生み出されていった。(注2)そこで競われ、労働力市場で企業の側から評価された「学力」は、実は、高校や大学への入学試験で計られる一般的学習能力であった側面が非常に強い。それは企業に入ってからの実際の労働の必要に即した能力獲得ができる学習能力を評価基準に、企業は労働者を雇用したという側面を示している。(注3)そのギャップは、企業自体が、終身雇用の下で、労働者の能力を教育・開発していくシステムを内部に組み込んでいたことで埋め合わされていった。しかし1990年代半ばからのグローバル化、社会の新自由主義化を背景として、一挙に労働力調達や商品生産がグローバル化し、非正規雇用が急激に増加し、政府統計でも2018年で全労働者の37・9％に達している。(注4)低賃金でワーキング・プアとなる労働者、特に若者が増え、その数は2006年以来1000万人を超える事態が続いている。(注5)その変化のなかで、学力競争は、正規雇用のイスを獲得するためのサバイバル競争の一環という様相を強く帯びている。

一般に教育学の側からすれば、本来、発達や人格の価値に深く結びついている学力概念を、経済的価値、ましてや資本にとっての剰余価値の獲得という視点から意味づけ評価するということは、一面的という以上に邪道とも言える方法として、批判の対象とされることもあろう。しかし、逆に考えてみれば、「知識基盤社会」の進展のなかで、グローバル資本の剰余価値の獲得という視点から人間の労働能力が、その知的な質の高低を理由に大きく格差化され、大きな賃金格差が正当化されつつあるなかで、経済学的に見ても、それが決して科学的な根拠をもつものではないことを明らかにしうるならば、それは人間の労働の尊厳を守るための一つの重要な分析方法となりうるだろう。

あわせて、「生きる力」という学力の把握についても検討しておきたい。生きることは日本国憲法の人権の中核にある権利——第13条・幸福追求の権利、第25条・生存権保障、——である。その前提にたてば、それを獲得しなければ生きられないことになる学力や能力、「生きる力」とはいったいなにを意味するのだろうか。そもそも生きることは、社会的な共同の営みとしてこそ実現可能であり、一人ではどんな人間も生きていくことはできない。人間が生きられるかどうかは、孤立した個人の自己責任であるはずがなく、困難を抱えた個人が存在するとするならば——いや全ての人間は、なんらかの意味で弱さを抱えており、他者のケアなしには生きていけない——、「生きる力」は個人のなかで完結するものではあり得ないだろう。だからこそ憲法は、生きることを権利として把握するとともに、それを社会の側が保障することを求める構造になっているのである。

このことを踏まえるならば、おそらく、教育政策のなかで主張されている学力概念としての「生きる力」の理論は、知の習得の仕方、知識や技術と人格との結合のあり方、その人格が生きていく上で、知識を自分の主体性や創造性を構成する要素として使いこなすことができるのかどうかという学力の「質」を問題にしているのだという返事が返ってくるかもしれない。しかし一方で、今、学校教育に浸透しつつある「生きる力」というメッセージは、間違いなく競争でサバイバルできる力、「自己責任」で生きる力として多くの子どもに受け止められている。この問題を解きほぐすためにも、個人の学力に現代の競争——労働力市場での競争と学力競争の両方の競争——を勝ち抜く自己責任を背負わせる論理の誤りと非人間性を批判する必要がある。

(二) 日経連「新時代の『日本的経営』」による雇用構造の激変

戦後社会において、雇用はその労働者の生存権を実現できるものでなければならないという規範の実現は、どのようにして行なわれてきたのかを見ておこう。先進ヨーロッパ諸国の場合、それは、文字通りの福祉国家という全体システムによって保障されてきたと見ることができる。しかし、戦後日本の場合、いわゆる日本型雇用というシステムが、不十分ではあれ、それに代わる機能を担ってきたと見ることができる。もちろんそれは、日本経済のかなり長期にわたる高度成長という好条件の上で、また強力な労働運動にも支えられて、はじめてそういう機能を担うことができたという性格をもっている。しかしバブル崩壊を経て、日本の政治が急速に新自由主義化していくなかで、そのような一定の安定的雇用システムとしても機能していた日本型終身雇用が激変していく。

1995年の日本経済団体連合会(日経連)の「新時代の『日本的経営』」方針による雇用構造の急激な改変——①終身雇用の「長期蓄積能力活用型」②「高度専門能力活用型」③「雇用柔軟型」に3区分する雇用の仕組み——は、高度成長期の職業参加の回路を一挙に不安定化し、学校教育を、安定した賃金を獲得できるか、そこから脱落して不安定就労に陥り、さらにはワーキングプア化するかを自己責任で選び取るサバイバル競争の過程とした。

今まで学校が担っていた職業への安定的参加、労働配分の回路は縮小され、新規学卒段階で正規雇用に入れず、短期雇用を繰り返しつつ、買い手市場化した労働力市場に投げ込まれる割合が急増した。そしてその市場で、若者は、学力に加えて、特定の職業スキルや性格適性の獲得をも「就活」としてパフォーマンスしなければならなくなった。日本の場合、そのような労働力市場に投げ入れられた若者を支援する公的支援や権利保障や福祉のシステムがきわめて弱かったため、労働力市場での「再学習」と「就活」過程は、高額の自己負担と自己責任努力の過程として急速に一般化した。（次頁の図参照）

この構図の説明を付しておこう。

(1)高度成長期には、日本型雇用は、終身雇用を基本とした安定的雇用であり、また多くの労働者に、競争的なスキルアップと昇進の機会が組み込まれた会社内生涯学習機会を与えた。それは労働者に将来への希望（職務地位の昇進と昇給）を与える仕組みともなっていた。そして学校の学力競争の底辺におかれても、雇用された後の労働現場で求められる具体的な労働能力要求に支えられて、学習の意味や必要の主体的な発見の機会を再び手に入れることもできた。そして基本的に終身雇用は、その最低賃金においても家族を養うことを含めて生存権保障を可能にするラインが目指された。

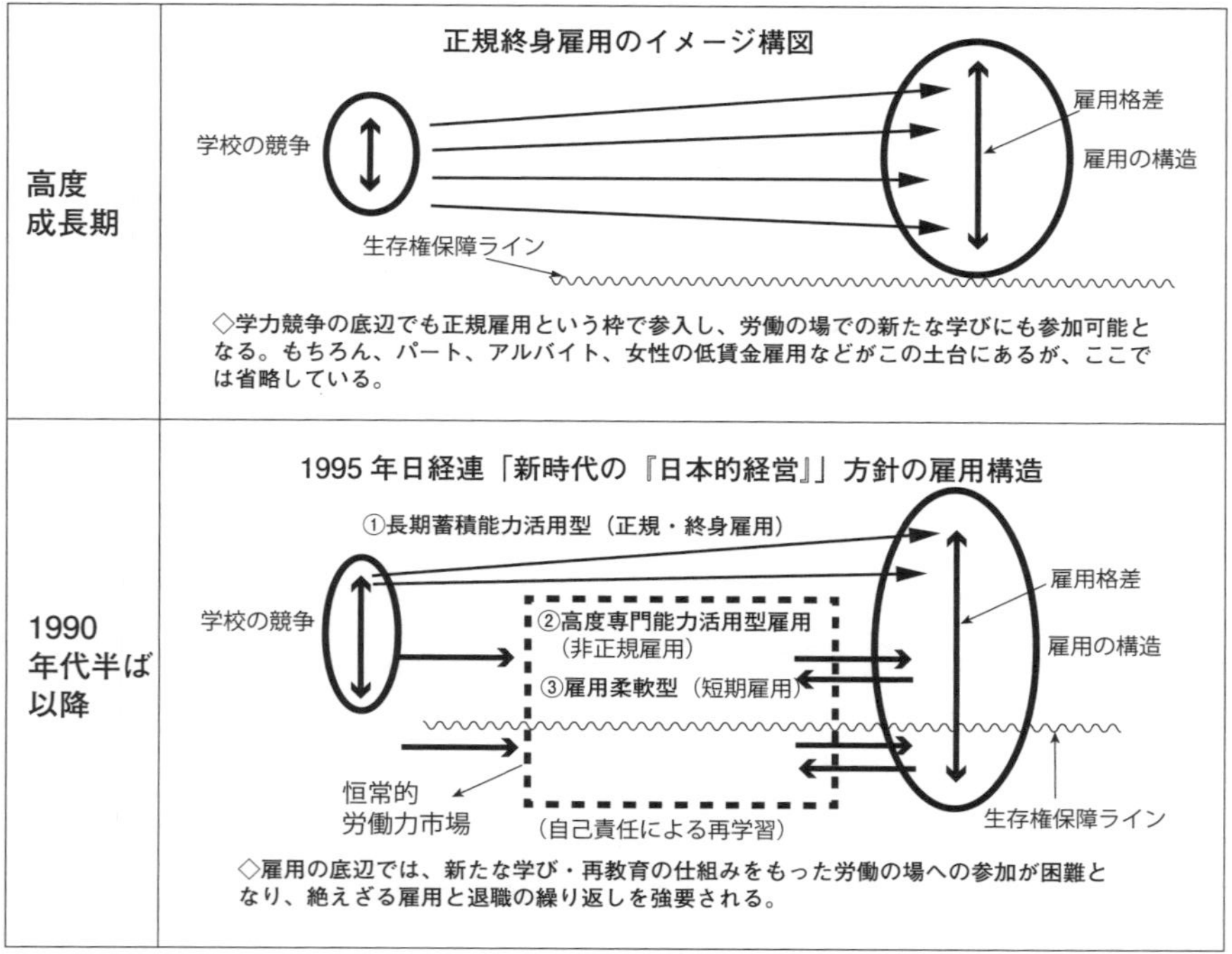
高度
成長期
正規終身雇用のイメージ構図
学校の競争
雇用格差
雇用の構造
生存権保障ライン
◇学力競争の底辺でも正規雇用という枠で参入し、労働の場での新たな学びにも参加可能となる。もちろん、パート、アルバイト、女性の低賃金雇用などがこの土台にあるが、ここでは省略している。
1990
年代半ば
以降
1995 年日経連「新時代の『日本的経営』」方針の雇用構造
①長期蓄積能力活用型（正規・終身雇用）
学校の競争
②高度専門能力活用型雇用
（非正規雇用）
③雇用柔軟型（短期雇用）
雇用格差
雇用の構造
恒常的
労働力市場
（自己責任による再学習）
生存権保障ライン
◇雇用の底辺では、新たな学び・再教育の仕組みをもった労働の場への参加が困難となり、絶えざる雇用と退職の繰り返しを強要される。
図　雇用構造の変化の構図

(2)ところが日経連が提起した雇用モデルは、この正規雇用型の終身雇用部分を縮小し、短期的雇用を一挙に拡大し、とくに「雇用柔軟型」部分については、労働力市場の競争圧力にさらして低賃金化、不安定雇用化しようとするものであった。日本の福祉はこの終身雇用システムによって代替されていた面があった状況のなかでは、終身雇用型賃金の非正規短期雇用への切り替えは、一挙に多くの労働者の生存権保障を脅かす可能性を持っていた。そしてこの雇用再編成が、グローバル化の中での企業の競争力の強化、そのための全体としての賃金切り下げ動機にあったことから、その危険性は一挙に現実化した。

(3)その再編は、企業のリストラによって解雇された中高年労働者の再雇用と、新しい新規学卒の若年労働者雇用の仕組みにおいて一挙に具体化された。そのため若者の雇用のほとんど半数が非正規雇用となった。また非正規雇用者からは企業内での労働力形成（オン・ザ・ジョブ・トレーニング）の機会が縮小され、安定雇用への移行の可能性も大きく奪われることとなった。

しかしなぜ、このような雇用の質の大幅な切り下げが一挙に進行してしまったのか。この事態に国民的な抵抗がなぜ起こらなかったのか。その背景には高度経済成長期からバブル期にかけて日本社会に出現した「企業社会」の構造的脆弱性が、新自由主義的社会改変の土俵で、もろに日本社会を危機へと突き落とす要因として機能したことに気づく。

第一に、高度成長期の豊かさは、右肩上がりの成長による企業利潤の増大という基盤の上で成り立っていた。その高利潤に支えられて企業戦略として採用された年功賃金、終身雇用、企業福祉などが雇用の安定性を保障し、「豊かな社会」を日本国民に実感させた。高度成長時代の仕組みでは、住宅確保、子育て、老後保障などが年功賃金などに依拠した企業からの「恩恵」の配分（企業福祉など）にも支えられており、非正規雇用におかれると、そこから排除されて安定したライフサイクルをわたることが困難となり、「生存権」剥奪状態におかれてしまうという公的福祉の貧困状態があった。そのため、90年代後半以降の非正規・派遣型雇用の拡大は、日本社会に一挙に貧困とワーキングプア状態、さらには若者のホームレス化をもたらし、多くの低賃金労働者が将来に見通しと希望をもち得ない事態を引き起こした。日本社会は、労働権や人権、生存権を社会的権利として保障する法的、制度的な仕組みに大きな弱点をかかえて、一挙に格差貧困が出現することになった。２００８年のリーマンショックを契機とする世界的不景気は、その矛盾を一挙に噴出させることとなった。

第二に、日本では、組合は企業別に組織され、企業の高利潤なしに労働者の安定性もないとして労働組合も企業間競争に巻き込まれ、労使一体化していった。その下で、人びとは、高度成長の時代、人権や賃金の安定を確保するための政治的仕組み、企業から独立した国家的社会保障制度を作る方向ではなく、学歴・学校歴競争から始まって優良企業への就職、企業内での昇進競争など、生涯を競争に勝ち抜く「自己責任」戦略でより大きな豊かさを確保する方法を選び取っていった。そして非正規雇用の急激な拡大、社会の構造的変化に直面して、生存権と労働権の実現というたたかいによって抵抗、対処するのではなく、個人化されたより厳しいサバイバル競争に突き進まされたのである。

第三に、高度成長時代に、男性の正規雇用による家族の生活保障を基本とする賃金が、雇用における正規と非正規の格差、男女差別と一体のものとして構造化されていた。そして、グローバル化によるリストラや不況が、より強く正規雇用男性の長時間労働化、正規労働それ自体の縮小化、女性や非正規労働者の低賃金に依拠した国際競争力確保戦略の拡大へと繋がった。その結果、日本社会は、長時間労働の激化、過労死の増大、雇用格差、男女雇用格差、ワーキングプアの拡大、ライフサイクルやライフバランスなどの点で、著しくいびつな社会へと変貌した。国家も、企業も、労働組合すらも、また正規労働者も、男性も、競争力の確保という言葉を錦の御旗にし、またその言葉に呪縛されて、社会の隅々に格差と差別が拡大し、貧困や生活困難が各地で吹き出しているにもかかわらず、「自己責任」という言葉でそれらを個人に押しつけつつ、社会的平等化、公的福祉の充実、低賃金や非正規雇用の克服などへの協同が有効に立ち上がってこない、人権と命を相互に支え合うという正義を喪失したかに見える社会へと変貌したのである。

日本社会は、以上のようなかたちで戦後企業社会が生み出した歪みが90年代の新自由主義的社会改変を受容する意識として働き、一挙に貧困や格差、生存権剥奪をもたらし、その基盤の上でサバイバル競争が一層激化するという生存権の危機の時代へと突入した。新自由主義がその基本理念とする競争と自己責任の論理は、すでに日本の高度成長時代をサバイバルするための基本戦略として日本国民の意識に深く浸透しており、高度成長期から新自由主義社会への移行は、その意識の連続性の上に一挙に受容されたと見ることができる。

（二）労働価値説と生存権保障の体系

そもそも日本国憲法は、人間の人権の中核に生存権を置き、その生存権保障の体系を人間の労働権と深く結びつけて成り立たせる社会構造を前提としていると言えるだろう。そのことは、憲法第25条において、「生存権」規定を置き、そのあとの第26条に、人間としての力量の形成を「教育を受ける権利」として挙げ、そのあとの第27条に「労働する権利・義務」を位置づけるという構造になっていることとも結びついている。労働の権利については、現代の生産力の到達点においては、労働基準法等において一日8時間労働、週40時間労働を定め、最低賃金を定め、まずは労働によって、人間（国民）がその生存権に値する賃金を確保することができる法体系を作り上げているのである。もちろん、生存権をその労働による賃金で確保できない状況（障害や病気、等々）に対しては福祉という方法によって、生存権保障が行なわれなければならないという構造になっているが、その土台に、人間労働が価値を生み出し、その労働によって生み出された価値が、人々の生存権を実現する経済的基盤として働くという仕組みが前提とされていると見ることができる。そして憲法第28条において、労働三権（団結権等）が認められているのは、今日の資本主義的雇用制度においては、資本（雇用者）の圧倒的な有利な体制に対して労働者が団結することでそれに対抗してその賃金配分要求を実現していくことが不可欠であるとの社会的合意が形成されてきたからにほかならない。

ここで考えてみたいのは、このような労働と生存権保障の法的な体系と、経済学的な論理とは全く別のものとして無関係に展開してきたものではないということである。そして労働価値説は、このような労働権と生存権保障の権利論体系に経済学的な根拠を与えるものとして位置づいてきたと捉えることができる。

1　労働価値説をどう理解するか

スミスやリカードが提起し、マルクスが完成していった労働価値説に立つ経済的な価値循環の定式は、そのなかに労働が不可欠な位置を占めており、労働力が資本（可変資本）によって買われ、生産過程に労働力が結合され、そこで剰余価値が生み出され、その剰余価値のうちの労働力の再生産に必要な部分が賃金として労働者に支払われ、剰余価値の残りの部分が資本にとっての利潤として蓄積されていくということを明確にしている。そして労働者のその賃金が、生存権実現に必要な商品購入のために支出されることで、資本の生産した商品が買われ、消費され、資本主義経済が循環していくという経済構造が示されているのである。

この労働価値説は、社会の富はどのように形成されるのかについての新しい発見であった。同時にこの労働価値説と交換価値概念は、その資本主義的生産の循環構造を明らかにし、労働者にその労働力の価値が賃金として支払われることにおいて、資本主義経済の循環が成り立つことを明らかにした。そのような意味において、マルクスの労働価値説は、資本主義経済の仕組みの最も根本を解明するものであった。しかしこの労働価値説をどのように把握するかについては、以下の点を検討する必要がある。

第一の問題は、この剰余価値生産の論理は、社会的労働がいかにして剰余価値を生み出すのかという理念として解明されたものであり、それをそのまま個別の労働者の労働にたいして当てはめるという性格のものではないということである。労働力の価値とは、その労働を行なっている労働者自身の労働力の再生産に必要な価値に止まらず、もちろんその家族、そして次の世代（子ども世代）の再生産をも含んだ、いわば社会の持続の全体を可能にするものとして把握されなければならない。

その点から見れば、実は、人類が誕生して以来、その生産様式の如何にかかわらず、人類の労働は、その集団の持続的発展に必要な富を生み出してきたのであり、その意味では個別労働が、個別労働者やその家族の再生産を支えるレベルに達しているのかどうかで、個々の労働者やその家族の生存が可能になったり、切り捨てられてきたわけではない。むしろ社会の総生産の水準のレベルに沿って、その社会に生きる全ての人間の「生存権水準」が決まるのであって、これは人類誕生以来の基本なのである。しかし、長い間、人間社会では、奴隷制や農奴制や封建制度によって公然と平等が否定されてきた。それゆえに、多くの人々が、生存権保障から外されてきたのである。人間の生存権自体を不当に剥奪するような階級支配社会においては、そういう困難が多く出現し、また生産性の低い段階では自然の破壊的な影響により、集団の持続自体が困難になるような悲劇が繰り返されたのも歴史的現実である。しかし、資本主義経済の発展は、全体としてはそういう自然の影響を超えて、社会の持続を安定的に実現する生産力水準を達成してきたと見ることができる。とするならば、高度の生産力水準に達した現代、労働能力の高低を選り分けて、能力の低いものをワーキングプアの位置に配置するなどということはあり得ないし、許されないのである。それにもかかわらず、労働者の底辺階層において、生存の危機が生ずるのは、個人の労働力の生産性の低さではなく、価値の配分と搾取、そして恐慌を含んだ資本主義的生産の不安定性によるものと言うべきだろう。

安定的な富の生産を土台として蓄積されていく資本主義的生産様式下の社会的富は、基本的には、その社会集団の全ての人間の生存権を実現し保障することが可能なレベルに達していったと把握される。その土台において、全ての人間に生存権を保障することは、社会的正義として合意されてくるようになった。その過程は、全ての国民の生存権保障を正義とする理念の展開を促し、労働権保障や雇用条件の改善、福祉制度の充実などが要求され、実現されてきた。そしてその社会的到達点が今日の社会的正義として、日本国憲法や労働基本法の正義として合意されて来たと見なければならない。

第二の問題は、労働権と生存権の関係をめぐるもう一つの関係である。実際には、明らかに、その個人の労働が、その個人の労働能力の再生産に相当する価値を生み出していないという事態はいくらでも存在する。そもそも、労働力人口は、非労働力人口をも養うことを前提にしている。子ども、労働からリタイアした老齢人口、病気や障がいで働けない人口、失業者などの生存を可能にすることをも、全体としての労働力の価値（労働力の再生産を可能にする価値）は、含まなければならない。ただし、それは、直接的に労働に参加する人間に支払われる賃金という形だけを通してでは、集団全体の人口の再生産を保障することはできない。したがって、失業者や、病気や障がいや事故等々によって労働できない個人や家族に対しては、社会保障として富が支給されなければならない。

しかしその際に重要なことは、それらの社会保障もまた、基本的にはその社会の労働者が全体として生み出した価値によって可能になっているという点である。その点から言えば、社会保障の権利的性格もまた、労働価値説によって与えられているということである。さらに教育は、今日の生産力に相応しい労働能力の形成にとって不可欠なものと認識されており、したがって全ての人間の労働能力を高める社会制度としての公教育を受けることは社会権として承認されており、それに必要な富（公教育費）もまた、原理的には労働力の価値に含まれていると考えることができる。いずれにしても、これらの検討を踏まえるならば、今日においては、賃金及び社会保障（福祉）の二つのルートによって、生存権保障が行なわれなければならないということであり、通常の雇用においては、その全ての労働に対して、その家族の扶養を含んで、その基本的な生存権保障に値する賃金が支払われることは権利として把握されるということができるだろう。【注】

【注】労働力商品の価値については、関野秀明「現代資本主義分析と『資本論』」（『経済』2018年5月号（№272、新日本出版社）は、マルクスの規定からは、①「労働力の維持に必要な生活諸手段の価値」、②「労働者階級を再生産するために家族として生活諸手段の価値」、③「技能と熟練とに到達し発達した独特の労働力の価値」、それは「特定の養成、教育、修業の費用という

要素を含」む、という三つの要素によって規定されており、第二、第三の内容は、「社会的生存権としての社会保障給付により保障」される必要があるとしている。この規定では、労働者階級の再生産が、その労働者の「家族」の再生産、そのための「生活諸手段の価値」（教育を含む）に限定される感じがあるが、ここの部分はより広く、国民全体の「社会保障給付」のための価値を含んでいると捉えておく必要があるだろう。これは社会保障給付が「恩恵」ではなく、権利として捉えられるべき根拠ともなるだろう。個々の労働はそもそも自分一人の生存を超えて、共同的に生きる他者の生存をも支える生産性をもっているがゆえに、社会の持続が可能になっていることを見ておく必要がある。

2　労働の集団性と共同性

検討すべき一つの重要な問題は、一方での富の蓄積と、他方での貧困や格差の拡大の関係をいかに捉えるかということに関わる。科学技術の発展は、人間労働の高い生産力水準を実現しており、それは当然にも豊かな使用価値の生産と富の蓄積・増大を実現しつつある。本来ならば、それは全ての人々の安定的で豊かな生活を支える物質的な富の生産が可能になっていることを意味する。しかし現実には格差が拡大し、その格差や貧困を背負わされるものにたいしては、その労働者個人の労働能力が劣るせいだとして、自己責任化されている。しかしそこには、人間労働についての間違った理解が入り込んでいる。

第一に、現代は、人類史上最も高い労働の生産性が実現されている時代である。特に、その国が高度成長期を経過した中では、そのようにいうことができる。加えて、個人の労働の生産力は、膨大な人々の共同労働として成立し（横の共同）、また固定資本との共同労働（過去の労働との共同＝縦の共同）として成立している。そのことによって、全ての人間労働が、自らの労働の価値（従って生存権保障のために必要な価値）をかなりの高度なレベルで実現する条件が達成されていると思われる。

「横の共同」とは、膨大な数の労働者の同時間的な共同労働として、現代の生産が実現されているということである。そしてたとえその一環を担う労働が、個別に取り出して見ると、単純作業であったり、ただ監視する作業であったりするとしても、それなしには、一つの目的を実現するための諸労働の全体的構成が成立しないという性格を担っているということである。そしてまた、その労働がいったいどの程度の商品生産（サービス商品を含む）への貢献度をもっているかを、区分して厳密に数値化して計量できるものでもない。もちろん、だからといって全ての労働が、同一賃金でなければならないなどと言いたいわけではない。そもそもこの問題は、資本主義的生産において、労働の協同性の高度化が、相対的剰余価値獲得の方法として追求されてきたという問題でもある。資本主義的生産においてはその協同性が生み出す力（生産力の向上）は資本の力として現れるが、根本的にはそれは労働者どうしの努力と工夫によるもの――「横の共同」の成果と捉えるべきものである。

一つの例として、建設現場で、交通整理のために配置されている労働者の労働を考えてみよう。そのような労働の多くは、特別な専門的能力を必要とせず、健康であり、ごくふつうの知的判断力があれば、誰でも務まる仕事であろう。だから、特別な資格を必要とせず、誰でも応募できるというような労働力市場の論理からすれば、今日では低賃金かつ非正規雇用になる可能性が高いだろう。しかしその労働は、身体を苛酷な外気にさらしたり、精神的緊張を持続させる必要もある。しかもそれなしては建設工事は許可されないというような点で、建設にとって不可欠な労働となる。そうすると、はたして労働力市場の需要と供給の論理だけで決定して良いのだろうか。それなくしては、システム化された高レベルの建設労働の全体構造が成り立たないという意味では、現場の交通整理もまたそうした高い生産性を担う共同労働の一構成部分として、高い生産性を実現する一環を担っていると考えることができる。その割合がどれくらいなのかは簡単には判断できないにしても、全体としての労働の生産性の向上の成果は、それに参加している労働者全体になんらかの形で配分されるべきだと考えることも必要ではないか。そのことは、先に検討した社会の総労働が、全体として共同的労働として展開されており、その共同性が作り上げたその社会の労働の生産力の向上の成果は、その社会の共同性を担っている全ての労働に対して還元されるべきものと把握する視点と共通したものである。この視点は、個別労働が生み出した価値量が数字的に比較可能となって評価されるような問題ではなく、むしろ労働をめぐる正義についての社会的合意によって、判断、了解されるような問題であろう。

「縦の共同」とは、過去の労働との共同（過去と現在の時間軸という意味で縦の共同と表現している）という意味である。資本とは過去の労働の成果としての価値の蓄積である。そして固定資本は、そこに科学技術の成果を組み込んで機械や生産手段として労働の場に投入され、生産過程は人間労働とその固定資本との共同作業として進められる。そして機械に組み込まれた知や技術の高度化によって、人間労働の生産性は大きく高まっていく。ロボットやＡＩ技術もそういう機械であり、それらを利用することで人間労働の生産性は飛躍的に高まる。とするならば、色々な制約で生産性が劣る労働能力であっても、それを適切に支援する技術・機械が開発されれば、その労働能力もまた大きく改善されることになる。そういう「縦の共同」によって人間労働の生産性は高度化しているのであり、今日のほとんど全ての人間の労働の生産力は、そのことによって大きく高度化している。

この「横の共同」と「縦の共同」は共に、資本の相対的剰余価値獲得の方法として、資本主義経済の中で意識的に使いこなされてきた方法論であることをあらためて確認しておこう。もちろん、そうだとしても個々人の労働能力間にはなんらかの差があることを否定することはできない。したがって給与に一定の格差が生まれること自体は必ずしも不当ではないし、格差がつけられるべき側面もあるだろう。しかし、横と縦の共同という性格から考えるならば、個人の所有する個別の能力を取り出して、その差を理由にして生存権保障に値しない低賃金や不安定雇用を強制することは、許されないと見るべきだろう。

3　能力の共同性について

この問題はより原理的には「能力の共同性」という問題につながる。この問題を一貫して提起してきた竹内章郎は、「能力の『共同性』と『有用性』」（竹内他著『競争の教育から共同の教育へ』青木書店、

1988年、第4章）において、次のように展開している。(注6)

「人間諸個人がその身体性によって空間的には切り離されているので、身体内に内在しているもの抜きには語りえない能力は、第一義的には個別実体的なものとして把握され」、そのことが「能力の個人還元主義、個別実体的把握」の「常態化」を引き起こす（139頁）。しかし、「人間の能力の根源は、《人間諸個人の「自然性」という関係項［自然特性、損傷（impairment）など］と社会・文化という関係項との相互関係自体》として把握」（142頁）すべきものと捉える（以下では要約して［相互関係自体としての能力］と記する）。

その際重要な竹内の視点は、そのようにして実体化される能力（［相互関係自体としての能力］）は、「社会・文化の限定性によって能力自体が特定の枠内においてのみ把握されるようになり、この意味で、《人間諸個人の「自然性」という関係項と社会・文化という関係項との相互関係自体》が固定化され」、「特定の制度化・秩序化・基準化などを帯びる、ということになる」（144頁）とする点である。したがって、「通常は自明視されている能力の個別実体的把握は、《人間諸個人の「自然性」という関係項と社会・文化という関係項との相互関係自体》の実体化の特定レベルにおいて、このレベルと合わせて位置づけられるべき」（145頁）ものであることを指摘する。複雑な言い回しであるが、私なりに解すれば、個人の能力として実体化しているものは、それ自体として［相互関係自体としての能力］であると共に、その関係性の中に読み込まれる「社会・文化という関係項」自体が歴史的で社会的な限定的で特殊なものであり、その限定的で特殊な（すなわち限界を持つ）社会・文化的環境との関係性によって制約されつつ成立する［相互関係自体としての能力］として現実化したものだということであろう。

この竹内の論理を踏まえるならば、人間の労働能力は、まさに［相互関係自体としての能力］として存在していることが了解できるであろう。そして労働においては、それはけっして抽象的な理念に止まらず、経済学的にも客観的な要素として、その利潤獲得の方法（相対的剰余価値獲得の方法）に組み入れられている論理となっているのである。

第一に、その「横の共同（関係）」は、そもそも分業という方法において生産性が大きく向上したこと、工場において協業を組織する工場制手工業（manufacture）、機械制大工業下の工場における労働の共同の形態が常に生産性の向上にとって大きなテーマであることなどからも、生産力向上の重要なテーマとなってきた。

マルクスは資本論において、この労働者同士の労働の協業のありようを、生産性を高める方法、相対的剰余価値を生み出す重要な要件として詳細に検討した（マルクス『資本論』第一部第4編　相対的剰余価値の概念』）。その協業のあり方は、資本主義的生産において、分業、マニュファクチュア、そして機械制大工業における労働者の協業形態の発展――その段階では「（その労働過程の）協業的性格は、今では、労働手段そのものの性質によって命ぜられた技術的必然となる」(注7)――によって飛躍的に高度化し、資本に大きな相対的剰余価値をもたらし、その協業の力は資本の力として顕現されていった経過が分析されている。協業によって生み出された高度な生産力は、そのなかの特別な一部分の労働が生み出した成果ではなく、労働の全体の共同によって生み出された生産力の高度化として把握されるべきものであろう。

第二に、「縦の共同（関係）」は、過去の労働の生み出した富の集積体としての資本、その中の固定資本に組み込まれた科学技術体系――全体として生産手段――を道具として使用することによる労働の生産性の飛躍的な向上として具体化される。それは社会・文化的な労働環境として、人間の身体的な労働力と結合され、「相互関係自体としての能力」として現実化される。科学技術の発展は、資本の構成を可変資本の割合を低下させつつ（資本の有機的構成の高度化）労働の生産性を向上させていく。先にも述べたように、労働価値説は、資本とは、労働が生み出した価値（剰余価値）の集積、すなわち過去の労働の生み出した価値そのものであることを明確にした。この過去の労働と現在の労働との結合、共同が生産力を高度化しているのである。ＡＩやロボットも、基本的には生産手段であり、道具であり、それらの発展は、労働力の生産性の高度化を実現するのである。この過去の労働との共同、「縦の共同」もまた、相対的剰余価値の増大の基本的な方法とされてきた。知と技術を固定資本に組み込み、この固定資本（過去の労働の成果）の持つ生産力を向上させることによって、相対的剰余価値、さらには特別剰余価値を増大させることは、資本主義的生産の最も基本的な戦略である。（第３章参照）

この点を踏まえるならば、実は、個々人の労働にたいして、いかなる質をもった生産手段（固定資本）が結合されるかは、その労働能力、その労働力の生産性を大きく左右することとなる。そして資本主義的生産とは、生産手段の私有を基本とするがゆえに、資本家の側に蓄積された膨大な資本（固定資本、すなわち過去の労働）に高度な技術体系を組み込むことで、〈生産手段＋人間の労働力〉として形成される［相互関係自体としての能力］を、一挙に高めることができるのである。巨大資本の資本主義経済競争における圧倒的な優位性がもたらされる一つの根拠がここにあると見ることができる。資本による知と技術の開発競争はそのことに直接関わる資本の戦略となっているのである。そうであるとするならば、人間の労働能力に対する公正な評価とは、その労働が機能する労働環境（その労働過程に投入される機械など）によって大きく格差化されるほかないものとなる。そのようにして［相互関係自体としての能力］として拡大された能力を、いかにその評価にカウントするかということを避けることはできなくなるだろう。あるいはまた全ての人々の労働力にたいして、その社会の知と技術の到達段階にふさわしい［相互関係自体としての能力］としての実現を保証するために、機械や生産技術体系との結合、個々人に配分される労働手段（固定資本）の一定の平等をいかに保障するかということもまた、労働権保障の課題として登場することとなろう。

第三に、補足すれば、竹内の言う［相互関係自体としての能力］概念は、今日の公教育の基本的な土台に組み込まれるべき理念であると見ることができる。個々人が持つ身体的な能力（頭脳の力を含む）は、それ自体として今日の一定の生産力に対応するレベルまで遺伝的力によって「成長」していくというものではなく、遺伝的素質自体は社会的、文化的環境、その環境との相互作用（関係性）を媒介にして今日の社会的、文化的に規定された「有用な能力」に向かって形成（「発達」）されていく。

そして今日の生産力水準に対応する「有用な能力」の形成は、公教育という環境との間の関係性によって大きく規定される。だからこそ現代において到達されている水準に相応しい労働力の再生産を担うために、公教育は、全ての個人に保障されるべき社会的制度であり、権利として捉えられるのである。

このような労働の現代的な性格から見れば、個々人の労働力の生産力は全体として大きく向上しており、しかも個人の間のその能力の差は、それほど大きなものではないと思われる。そして、全ての人間の労働能力が生かされること、すなわち労働への参加が保障されること、その労働能力の現代的生産力水準を実現するための手立てが、権利として保障されるべきものとなるだろう。

この点については、あらためて次のことを指摘しておきたい。そもそも、人間の労働は、人類が共同で狩りを始めたときから共同労働（横の共同）として出発した。そしてその成果をみんなで分かち合うことによって、人類はその集団としてのサバイバルを達成してきた。その集団のメンバー全てにその生存が保障されるように、共同の労働の成果としての富が配分されるようにしてきた。その意味では、低い生産力段階においてすら、その共同体の全ての構成員に行き渡るように、富の配分を工夫することで、人類は生き延び、発展してきたのである。その意味では、全ての共同体員の生存権を保障するという原則が維持されるならば、生産力が発展しその社会の富が豊かになるにしたがい、全てのメンバーの生存権実現の社会的水準が向上していくということになる。そういう共同の関係性の中にある労働にたいする価値の配分を、個々人の能力の差のみに依拠して大きく格差化し、生存権をも危うくするような事態を正当化できるのだろうか。
しかし現実の雇用の論理においては、「能力の足りない労働力が多く存在し、それらは低い賃金待遇にしか値しない」、「ワーキングプアに陥るのは自己責任だ」、「知的な質こそが労働の価値を決めるのだ」、等々が通用している。そして労働力市場のメカニズムは、そのような格差を、自然現象であるかに生み出していく。これらの事態をあらためて、現代の高度の生産力水準の実現という土台で、その不当性を明らかにすることが必要になっているのではないだろうか。

注

（注1）佐貫浩『学力・人格と教育実践——変革的な主体性をはぐくむ』大月書店、2019年、第3章参照。
（注2）久富善之『競争の教育——なぜ受験競争はかくも激化するのか』労働旬報社、1993年。
（注3）乾彰夫『日本の教育と企業社会——一元的能力主義と現代の教育＝社会構造』大月書店、1990年。
（注4）総務省「労働力調査」——「『非正規雇用』の現状と課題——正規雇用と非正規雇用労働者の推移」による。割合は、正規雇用労働者と非正規雇用労働者の合計に占める割合。https://www.mhlw.go.jp/content/000508253.pdf(2020-01-24)。（次頁の表）
（注5）ワーキングプアの実態、その性格、原因等については後藤道夫『ワーキングプア原論——大転換と若者』（花伝社、2011年）を参照。今日のワーキングプアの実態については、鳥居伸好「現代資本主義における貧困化問題」『経済』2019年5月号、参照。

表　非正規雇用の現状と課題（注４）

事項＼年	1989	1999	2004	2008	2013	2018
非正規雇用者数（万人）	817	1125	1564	1765	1910	2120
雇用者中の割合	19.1%	24.9%	31.4%	34.1%	36.7%	37.9%

厚生労働省資料ホームページ統計資料。総務省「労働力調査」資料。

（注６）竹内章郎「第４章　能力の『共同性』と『有用性』」（竹内他著『競争の教育から共同の教育へ』青木書店、１９８８年）、『平等論哲学への道程』（青木書店、２００１年）、『平等の哲学――新しい福祉思想の扉をひらく』（大月書店、２０１０年）。

（注７）マルクス『資本論Ⅰａ』（『マルクスエンゲルス全集』第23巻ａ）５０３頁。

第5章　ＡＩ・ロボットと労働の未来

（一）高度な技術と機械やロボットは失業をもたらすのか？
――井上智洋の論理の批判的検討

ジェレミー・ジフキン『大失業時代』（松浦雅之訳、TBSブリタニカ、1996年）、新井紀子『コンピュータが仕事を奪う』（日本経済新聞出版社、2010年）、エリック・ブリニョルフソン／アンドリュー・マカフィー『機械との競争』（村井章子訳、日経BP社、2013年）というような本のタイトルがそうであるように、人間労働の縮小、敗北、不要化が起こり、やがては人類の生産においては、人間労働がゼロに近づく「純粋機械化経済」（井上智洋『人工知能と経済の未来』）が出現するというような未来像が、さまざまな場で提言されている。

色々な論者がロボット社会のディストピアやユートピアを描いているが、かなり経済学的な議論を取り入れて展開している一人に井上智洋がいる。論点を深める意味でも、この井上の議論を検討していきたい。井上の議論の中心点は次のような点にある。以下引用は、井上智洋『AI時代の新・ベーシック・インカム論』（光文社新書、2018年）による。（注1）

1　井上の「純粋機械化経済」社会のイメージ

井上は、機械やロボットが主役になる「純粋機械化経済」の社会がそれほど遠くない時期――20

45年頃には現在の労働が10分の1に縮小しているかもしれないという――に到来するという。それは次のように特徴づけられている。

(1)ロボットの開発によって起こりうる「技術的失業」は、確かに、新たな仕事が生み出されることによって部分的にカバーされるとしても、その結果として「中間所得にいた人々が低所得層に移り低賃金化する」(143頁)。その結果、一人あたりの実質GDPは増加するにもかかわらず、世帯収入の停滞や減少、雇用剥奪などが起こる。そして「AIを含むITが人々の雇用を奪い、一般的な労働者を貧しくしている。」(144頁)

(2)ロボットが代替する労働は、第1段階は事務労働等(現在進行中)であり、第2段階は多くの肉体労働(タクシー運転や、コック等々、2030年以降)、第3段階は、2045年頃からで、汎用型AIの登場段階で、その段階で残るのは「①クリエイティヴィティ系」「②マネージメント系」③「ホスピタリティ系」のみとなり、「全人口の1割しか労働しない社会」が来る。(160頁)

(3)「2045年には、内実のある仕事をし、それで食べていけるだけの収入を得られる人が、1割程度しかいない可能性がある……。そういう社会を『脱労働社会』と呼ぶ。」(166頁)

(4)「脱労働社会にあっては、資本家は食いっぱぐれないどころか、むしろ取り分を増やすだろう。未来には、ロボットが商品を作る無人工場があり、それを所有する資本家は所得を得ることができる。資本家は労働者に賃金を与える必要がないので、もうけはまるまる自分のものとなる。／所得は『資本の取り分である利子／配当所得』と『労働の取り分である賃金所得』の二つに分けられる。前者の割合は、『資本分配率』、後者の割合は『労働分配率』という。社会が脱労働化していくということは、資本分配率が１００％に近づいていき、労働分配率が０％に近づいていくことを意味する。つまり資本家総取りの社会がやってくるのである。」（１６８頁）

(5)汎用ＡＩを始めとするＡＩ・ロボットは「第四次産業革命」（１７９頁）を引き起こす。そこでは大部分の労働を機械が行なう「純粋機械化経済」（１８０頁）――労働が必要なくなり、ＡＩやロボットなどの機械のみが直接的な生産活動を担う社会――が出現する。そこでは「指数関数的に上昇する成長率」（１８１頁）が、可能になる。

(6)ただし、高度なオートメーション化によって潜在的な成長率が上昇しても、需要が追い付かなければ（「需要制約に阻まれて」１８２頁）、このような成長は現実のものとはならない。／「需要を喚起し続け、高い成長率を実現させるためにも、ＢＩ（ベーシック・インカム）が必要である。」（１７４頁）

(7)「直接だろうが間接だろうが、どういう形であれ、発行した貨幣を市中に給付するような政策を行なえば、絶えず需要を増大させ続けることができる。そのような給付こそが『変動ＢＩ』である。潜在供給の増大に合わせて、貨幣量も増やさないといけないとするならば、変動ＢＩの額も急速に増大することになる。」（１８３頁）

(8)そのような仕組みによって、経済が爆発的に成長すれば、「そのような社会は、全ての人々が消費に倦み飽きるほど物質的に豊かになった、一種のユートピア」（１８４頁）となる。そこでは「資本の増殖運動」が「消滅」する。そうすると「資本家による搾取が消滅し、近代資本主義は揚棄されるかもしれない」（187頁）。別の所では、「資本主義の自然死」「資本主義が消滅する」とも述べる（井上智洋『人工知能と経済の未来』文春新書、2016年、190～191頁）。

2　井上智洋の論理への疑問、批判

正直なところ、この論理を、正面から科学的根拠の上に主張されたものとして扱いうるのかどうか、私にははっきりしない。しかしごく単純に見て、検討されていない論点が、いくつもある。その結果、相当に主観的な展開であるように思える。一体これは、経済学の世界において、説得力のある議論として認定されているのかどうか。しかし2017年の新書大賞を得たり、ビジネスとIT部門で、売れ筋ランキング1位になったりしているし、彼の展開するような議論がちまたにあふれてもいる。そのことを前提にしつつ、私なりに疑問の論点をまず提示しておきたい。

(1)まず、経済システム（体制）発展の論理が、その機械（AI、ロボットを含む）の発達による生産力の増大という技術の側面だけによって組み立てられている。生産力と生産関係の矛盾というものが組み込まれていない経済発展の論理となっている。しかし、今日における経済矛盾の最大の課題は、まさに生産関係と生産力の矛盾によって生み出されている。井上の理論では、生産関係の矛盾自体が生産力の発展によって消滅するかのような展開となっている。それは労働が不必要になり、したがって資本と労働という対抗的な関係自体が自動的に廃棄され、雇用関係の廃絶（終焉）の上に資本主義が死滅するという将来展望の把握と結びついている。

⑵現在の富の配分の矛盾――賃金格差や資本と労働への配分の歪み――が、はたして、機械経済の発展によって生み出されてきたものであるのか。井上の議論では、純粋機械化経済なるものが近未来社会像――20～30年ほど先の未来像――として据えられている。そして、「資本分配率」の増加、「労働分配率」の低下が自動的に生じ、やがては労働分配率が0％となる「資本総取り社会」が到来するという。しかしそれ自体ははたして根拠があるのだろうか。もちろん、遠い将来の経済的生産のありようとして、人間の必要労働が大きく縮小していくことが検討の対象になるとしても、それはおそらくかなりの長期にわたる移行過程を経て、現実的な検討の対象となることであろう。その移行過程とは、全体としてその総量を縮小していく人間労働を、労働者全体が、より短い労働時間として分かち合い、より大きな自由時間を皆が獲得できるような未来社会の切り拓きの過程として進行していくべきものであろう。「純粋機械化経済」という経済の未来像について、一方で井上は、ただし1割ほどの労働が残るとしている。実はこの曖昧さは重要な問題を含んでいる。「純粋機械化経済」とは労働ゼロを意味する。たとえ人間の労働の9割が機械に代替されるとしても、残りの1割の労働が人々の間にある程度の均等さで配分されれば――それはごく短い労働時間として、人々の生存権保障を可能にする労働が全ての人々に配分される可能性を示唆している――、大幅に自由時間が増加した労働者の未来を可能にすることとなる。それは決して「純粋機械化経済」の到来とイコールではない。もし

井上のような人間労働の大量の解雇、不必要化が急速に出現するとすれば、それは資本の論理によって、すなわち剰余価値の拡大という論理によって、一部の知的労働や戦略的な雇用部門の雇用だけで、残りの人間から労働を奪い、収入をゼロにするという戦略で、まさに社会破壊的な仕方で、雇用が改変されていく結果であろう。それはけっして機械の発達による自然的必然的な結果ではなく、資本の恣意的な戦略によって招き寄せられる人間労働のディストピア——それはかなりの現実性をもっていると思われる——であろう。井上の論理には、そのような、人間理性がおそらく必ず検討するであろう、ある意味での正義の検討が欠落している。

(3)井上の労働イメージからは、大規模な機械化生産にかかわる以外の労働のおそらく長期にわたる必要性の継続という論点が省略、あるいは忘却されている。多くの対人サービス労働、地球的自然に働きかける農業他の多様な労働、さらには危機に陥っている自然の修復労働等が、高度の知と技術の時代においても、かなりの幅において継続されるだろう。また今日、子育てや教育や福祉的ケア労働、対人支援労働などへの要求が拡大しているにもかかわらず、それらの多くが低賃金、非正規化され、人々が安心して生きていく条件が奪われつつあるのが現実である。直接的な人格的働きかけを必要とする労働、人格的関係性自体が大きな意味をもった労働が、大幅に機械やロボットによって代替されるのだろうか。むしろそういう労働は人間の共同性を直接実現する仕事として、人格と人格の交渉として、働きかける人間と働きかけられる人間の両方にとって不可欠な意味をもったものとして、豊かに展開されていくのではないか。そして高度の生産力を獲得した機械化生産がもたらす豊かな富、必要労働時間の総体が生み出す豊かな富は、そういう労働の豊かな展開を可能にする条件となるのではないか。そしてそういう質を持った労働が、社会を維持し、人間の存在を実現するための労働のより大きな部分を占めるようになっていくのではないか。「純粋粋機械化経済」というものを安易に近未来像に据えること自体、論理的な飛躍があるのではないか。

(4)井上の議論を一種のユートピアを描いたものと見なすこともできるかもしれない。しかし井上は、その変化を、ほんのすぐ先の未来——今の子どもたちが20～50代の働き盛りになる近未来の構図として提起している。だから、この提起は、今日の現実の政策への提起としても提出されている。しかしそうであるとすれば、現に生じている巨大な社会矛盾への対処なしに、この井上の議論で——すなわち科学技術の発展による生産力の増大だけで——、全てが対処され克服されていくかのように考えるのは、リアリティーがない。地球温暖化問題への対処は、２０５０年まで待つわけにはいかないし、技術の発展だけでそれに対処する時間的余裕もない。とするならば、技術と機械の発展だけに依拠した未来像は、今日の矛盾を生産力の発展の不十分性として捉える生産力主義的な把握となる。その意味で、井上の議論はあまりに楽観的かつ無責任でもあろう。今日の若者や子どもたちが直面している歴史的矛盾に対して、知と機械の発展が作り出すユートピア的な——同時にディストピア的でもある——未来像の提示は、現実の問題への無関心と合わさっていると言わざるを得ない。

(5)機械とＡＩの急速な発展がもたらすものは、いわば雇用なき急速な経済発展であり、労働者の所得なしの高度成長という未来像である。しかしそれは、ごく一部の資本家による富の占有を意味する。

それでは需要の停滞、縮小のために、経済そのものが循環しなくなる。それは巨大な格差、失業による生存権剥奪の急速な拡大をもたらすディストピアの出現を意味する。その克服のためには、富の再配分（移転）、資本所有者が取得する巨大な富を国民に再配分することが不可欠になる。しかし労働が消滅するのだから労働運動も賃金闘争も存在しないことになる。残るは政策によるベーシック・インカム（BI）の支給ということになる。しかし巨大資本（会社）が、雇用もしていない労働者（失業者）に、しかも利潤を蓄積しようとして資本同士が激しく競争しているなかで、その利潤をベーシック・インカムの財源として提供する意思を持つなどということがあるのだろうか。それこそユートピアというほかない。それが可能になるのは、唯一資本の所有が国民に移されるか、あるいは強力な国民主権による統治が資本に及ぼされるときだけだろう。

(6) ベーシック・インカムについての議論もまた、その性格が曖昧である。ベーシック・インカムは、井上は二つの方法として提起している。ひとつは、労働者の貧困と格差拡大へのいわば福祉的対策として、もうひとつは、労働を介さない富の配分方法（というよりもそもそも労働がなくなったときに人々に富をどう配分するかという方法）として。前者については、ひとまずは、ひとつの福祉的方法のバージョンとしてまじめな議論の対象となるだろう。(注2) しかし後者の性格については、大きな論争点がある。その財源をどうやって作り出すかというとき、資本家に占有されることになる巨大な富を、どうやって政府が再収奪し、雇用もしていないほとんど全ての国民に再配分することが可能になるのだろうか。それほど資本はお人好しなのだろうか。そうしなければそもそも経済を循環させる需要が生まれないという矛盾のゆえに——そういう矛盾がまず資本を脅かすのか、それともまずは労働者の側に矛盾を引き起こして資本へのたたかいが展開されるのかも検討課題だろう——、資本はあっさりとＢＩ配分策に同意するのだろうか。国民主権政治による資本への規制と統治はどう追求されようとしているのだろうか。いや、中央銀行による紙幣の増刷でベーシック・インカムを実施するというのだろうか。はたしてそのような経済は成り立つのか。

(7)井上はある段階から、あたかも資本主義的経済そのものから自動的に離脱していくかに見える展開をする。全て機械に置き換えられて人間労働が消滅すれば、いわば商品は、自然が（といっても人間による自然力の再構成が）、自然の果実として商品（使用価値の実体化としての商品）を生み出し提供してくれるということになる。そしてその「果実」を誰が取得するのかは、その自然（自然の人間による再構成としての生産メカニズム）を所有しているものが自らの所有権を主張することとなるだろう。その問題の克服のためにはそもそも生産手段（再構成された自然力としての資本）の私有が排されていなければならないだろう。それは決して技術の発展の自動的結果として成し遂げられるものではないだろう。

3　未来の労働論の子どもたちへの責任

確かにもはや人類が必要労働に拘束される時代を抜け出し、労働は基本的に芸術的な創造や知的探究そのものとなるような未来社会についての探究は、資本主義を超える新しい経済体制の探究を含んで検討課題となりうる。しかし、今を生きている子ども・若者の明日の生き方の探究というレベルで、多くの人間労働が不必要になる時代が不可避のものとして到来するという議論は、本当だろうか。それは、資本の戦略としての雇用労働のリストラや、世界競争に勝ち抜くための雇用戦略が、労働者の犠牲の上に進められていることの結果として生じている問題として批判的に検討すべきことではないのか。ロボットによって人間労働が駆逐されるという脅しは、科学技術の発展がもたらす不可避な現象なのではなく、技術の発展を、労働者の雇用を削減して資本の利潤の拡大に結びつけようとする資本の戦略によって生みだされる現象なのである。そのような批判的検討をしないままに、「純粋機械化経済」の時代が始まりつつあり、多くの人間労働がもはや不要になる時代が近づいており、その雇用縮小、労働喪失の時代に備えて残された労働を獲得できるように自らの能力を高めることが必要だというメッセージは、子どもや若者の希望を奪い、不安に満ちた未来像を提供する。それは、

(1)君たちが大人になるときは、ロボットにできない高度な知的能力をつけなければ、職を得られないか、低賃金の不安定な仕事しか就けないというメッセージを送る。

(2)次に、2045年頃からは、そもそも仕事に就いて豊かな賃金を獲得できるのはほんの1割程度になり、そこに入るためには、高度な知的、専門的能力、あるいは芸術などの特殊な能力、高度なケア労働能力などをつけなければダメだ、というメッセージを送る。

(3)さらにはその先に展開する「純粋機械化経済」社会においては、自然を作り変え、共同性を実現

し、社会を豊かにしていくという能動的な人間労働のイメージが消えており、ただ政府から与えられるＢＩで、消費者として生きるイメージだけが与えられる。

(4)それらの総体からは、人間の主体性の無意味化、人間労働そのものの不必要性というメッセージが発せられる。しかし人間労働は、人間にとって本質的な価値を持つものではなかったのか。剰余価値生産のための人間労働が廃棄されるとしても、自然と人間との代謝としての創造、そして人と人との交通（共同性の実現）という役割を持った労働は、より豊に展開されていくのではないのか。

これでは、子どもたちの未来への希望や目的意識を高めることができないのではないか。子ども・若者は、現代社会の課題と向かい合うなかで、新しい生き方、新しい社会のあり方を切り拓く主体へと成長していく。そしてその中心に広い意味での労働を通しての社会参加がある。しかし井上は、一方的に技術発展が社会のあり方を決定し、ほとんどの労働がなくなり、残されたわずかの労働の獲得めざして競争するほかない未来像を提供する。

（二）機械の発展と人間労働の変容
――労働の変容とロボットによるその代替という論理の検討

まず、知や技術の発達という視点から労働の変容の性格を把握してみよう。

第一に、ロボットもまた固定資本である。いわば生産手段としての工場設備や機械である。ロボットと言われるとなにか人間そのものを全体として代替するというイメージが強まるが、ロボットは機械そのものである。機械が高度化すれば、人間労働の生産性は高まり、より短い時間で必要なものを生産し、自由時間が増加する。必要労働時間が縮小すれば、その労働時間をみんなでシェアすれば、より短い労働時間で、より豊かな富を受け取ることができるようになる。それこそまっとうな意味での未来への希望である。ところが資本の立場からすれば、労働者の作業をロボットがより安価で代替できれば、可変資本の節約に繋がる方策となる。だからロボット労働に雇用が奪われ、競争に勝てない労働者は失業するというふうに機能するのである。

資本主義的生産様式の土台の上で、急速な科学技術の発展によって、人間労働がほとんど機械に置き換えられるということは、「技術的失業」として繰り返されてきた。資本は、ロボットと人間とがおなじレベルの労働（機械にとっては作業）をこなすときは、安い方を選択する。ロボットの導入よりも低賃金労働者を雇うほうが有利だと判断されると、人間労働の方が雇用される。それらを含んで、労働力市場に、擬制的であるとしてもロボットも参入する。そしてロボットが人間の雇用を奪うという事態が生まれる。

しかしこの問題は、資本主義的経済循環の視点からも検討する必要がある。資本主義の生産様式とは労働者の剰余労働によって資本が増殖するシステムにほかならない。したがって、資本主義的生産の下では、労働（人間労働）のない生産システムは根本的な論理矛盾であり、それは存在し得ない。

ただし、人間労働によって交換価値が生み出され、資本が労働者に賃金を支払い、また剰余価値を蓄積するシステムが基本として展開している社会的土台の上で、一部の先進企業がほとんど「純粋機械化」生産によって高度な生産力を実現して優れた安価な商品を生産し、その商品を社会的な平均価格で——したがってその商品の価値を超える価格で——売って特別剰余価値を手に入れることは可能である。あるいはその商品の優秀性により独占的価格で売って、市場競争で勝利するならば、その個別資本は「純粋機械化」生産で、より多くの利潤を獲得できることになる。その商品が、社会全体の労働者に支払われる給与によって買われることによって、その剰余価値もまた「実現」（商品から貨幣への転換）されることになる。そういう意味において、個別企業は、「純粋機械化」生産に向かって競争を推進する。社会全体で見ればそういう変化は、社会の富がますます一部の高度な生産力を獲得した巨大資本の下に一方的に集積され、社会格差が拡大していくこととして現象する。それは高度なAIと技術体系に依拠してほとんど労働者を雇用しない「純粋機械化」生産を行なう巨大資本が社会の富を総取りする現象として展開する。そういう企業の割合がごく一部にとどまらないで増加していくならば、資本主義的な経済循環も行き詰まる。資本だけが利潤を独り占めし、労働者は雇用を失ない、社会の富を労働者（市場での商品購入者）に再配分する仕組みが剥奪されて、多くの人間が生きていくことができなくなり、労働者は商品を買うことができなくなり、経済循環もストップする。そこでは、資本が少数の資本家に私有されていることが根本的な矛盾となり、資本の社会的所有が課題となるだろう。（注3）

第二に、実は人間労働は、単なる物質的商品の生産にとどまらないし、次第に直接的なサービス労働が増加していく。そのサービスは、あらかじめ物的商品として生産され、その商品の使用によってサービスが提供されるという形ではなく、人間労働から直接生み出されるサービスという性格、そして人格と人格との交流、人格による人格への働きかけという性格を強くもつ。それを人格的労働と呼ぶことができるだろう。教育・保育労働、福祉労働、医療労働、各種のケア労働、様々な人間への直接的なアシスト労働、等々。そして物的商品の生産が充足されていけば、このような人間の直接的人格的な関与それ自体がサービスの生産と消費の統一的な過程であるような人格的労働の分野が拡大可能となる。それらの労働は、部分的にはコンピュータやロボットによって担われたり支えられたりするとしても、人間と人間との関係性を全て機械と人間との関係性に置き換えることは不可能であろう。むしろ、社会の豊かさの発展は、そういう意味での人間関係的労働の豊かな展開が一つの条件となるのではないだろうか。人間が他者をケアしケアされるという関係を実現する場をサービス労働として維持することが人間の共同性を実現する上で不可欠だと判断されれば、そのような労働に対する需要は拡大していくだろう。そうだとすれば、ロボットの利用の推進などによる生産性の高度化は、確かに一部の労働分野においては雇用を減少させるとしても、人間が豊かに生きていくために必要な領域における新たな労働分野——ロボットには代替できない労働分野——を人間労働の不可欠な分野として拡大していく条件を生み出すだろう。今日、保育や教育や介護労働、自治体職員の住民サービスなどが低賃金化され、労働破壊が進行していることを考えれば、ロボットの進化は、これらの困難や矛盾を克服する可能性を高めるだろう。

第三に、機械やＡＩの発展が、さらに高度な生産力段階をもたらすならば、人間の自由時間が増大し、労働力の価値を実現する——労働者の生活を維持する——ためのいわば拘束された労働時間はさらに縮小され、自由な労働＝創造活動の時間が増大する。それは、その労働自体が芸術や娯楽や趣味として、あるいは科学的真理探究の営みとして、自己創造として、まさに自由に展開されていくだろう。それらの労働にたいしては、剰余価値の増大の視点からロボットに置き換えられ、人間から奪い取られていくというような力学は働くことがないものとなる。

第四に、また原点に返るならば、実は、ロボットは機械である。たとえば今日ではほとんどの人間がコンピュータを使用することで格段にその労働の知的な質を高めている。そのため人間の労働能力の知的な質、またその生産性は、労働者個人の頭脳にだけあるのではなく、知的な機械に組み込まれた高度の技術力との結合として成立する。その結合に必要な人間の側の能力の知的な質（操作技術）は、技術が進歩すれば誰でもが操作可能なものへと改善されていく面もある。今日においても、コンピュータに応用されている詳細な技術体系の理解ができる者など、ごく少数であるにもかかわらず、コンピュータのもつ知的操作能力をほとんどの人間が自分の力へと統合して、労働能力を高めているのである。コンピュータは人間の労働能力を役に立たないものとして廃棄するのではなく、人間の労働能力を高めてくれるのである。ロボットもまた一つのコンピュータ（知的操作部分と作業を行なう機械的作業部分との結合体）であり、それは人間の能力を高めてくれるのである。ロボットと人間とをどちらが役に立つかという対立関係として把握する思考様式自体が間違いであり、それは、どちらが儲かるかという視点で両者を天秤にかける資本の視点なのである。今日でも、高度な人間工学と機械の発達で、高額の費用をかけて人間の障害を克服するような治療や支援が広まってきている。パラリンピックにおける障がい者の運動能力の発展は、そのような可能性の広がりを象徴している。それらは資本の剰余価値の増大という視点から見れば「ムダ」なことと判断されるかもしれない。しかし高度な生産力の発達によって、そういう技術が広く実現されていくならば、剰余価値の増大という目的に拘束されることなく、より良い人間の自己実現という目的のために、ロボットや機械技術は、ますます重要なものとなっていくだろう。

第五に、さらに付け加えれば、今日の人間の労働能力は、先にも検討したように（第4章）、現代的な共同労働（横の共同）の一環へと組み込まれ、かつ高度な生産力を持った固定資本（生産手段）との共同（縦の共同）で高度な生産力を獲得する。この二つの共同から排除されるとき、個人の労働能力は低いレベルへと押し下げられる。たとえば、コンピュータをもつことができないとき、今日の個人の事務能力は大きく低下せざるを得ない。ロボットと人間が競争するのではなく、人間を支えるロボット（機械やＡＩ）の支えでみんなの能力が高まるのである。しかしそういう機械（ロボット）が資本の専有物になっているとき、そこから排除された人間の労働能力は、「低い」ものに押し止められる。今日の科学技術が達成している高い水準で仕事ができる条件を保障することは、現代の労働者の労働権の実現にとって、また個人の労働能力の発揮にとっても、不可欠となっているのである。

ロボットによって人間労働が駆逐されるという脅しは、科学技術の発展がもたらす不可避な現象なのではなく、ロボットの開発という技術の発展を、労働者の雇用を削減して利潤の短期的、即効的拡大に結びつけようとする資本の動機と戦略から生みだされ、また必然として描き出される現象として把握するべき問題なのである。

(三) 基本問題は富の配分という課題の側にある

先にも検討したように、井上の展開するベーシック・インカム論は、決定的な矛盾を抱えている。「純粋機械化経済」によってもっと急速な経済発展が進行し、豊かさが作り出されるというのだから、その豊かさを実現する商品を買い取れる(経済を消費によって循環させうる)BI額は、今日の国民所得を大きく超える額とならねばならないだろう。しかし「純粋機械化経済」では労働者は、所得がほとんどゼロになる。確かに所得配分においては、一部の資本家が膨大な富を占有するという構図になっている。しかし資本家の個人所得と資本の蓄積する利潤とは別物である。所得税は資本家個人の所得への課税であり、法人税は企業の利潤に対する課税である。ごく一部の富裕者への所得税だけで、ほぼ国民全体への膨大なベーシック・インカムの財源とはなり得ない。そもそもそういう税制に対しては富裕者の反乱が起こるだろう。要するに、この性格のBIを本格的に実現しようとするならば、なによりも企業の利潤そのものの国家による再収奪(徴収)と国民への再配分として行なわれなければならないということである。少なくとも企業ではなく、個人から徴収する所得税の再分配という方法の延長で、このＢＩの導入が可能だという説明は成り立たないだろう。巨大な企業に、雇用もしていない「労働者」(「失業者」と言うべきか、働く場をもたない圧倒的多数の国民)にたいして、ほぼ給与相当額を支給する気前の良さを期待することなどできない。利潤の獲得を目的とする資本の本質的欲求と、資本によるＢＩのための資金への膨大な富の無償での提供とは決定的に対立する。その矛盾を解決するには、資本の私有制度(生産手段の私的所有制度)を転換するほかないだろう。それは巨大な政治闘争を介さなければならないだろう。科学技術の発展がそのような方向を自動的にもたらすとはとうてい思われない。

新自由主義(政治)とは、あらためて資本と労働の対抗において、グローバル資本の側に強力な力が獲得された時代の政治の特質を表す規定であろう。実は、この認識こそが、デジタル技術革命とロボット問題の解決に決定的な方向を与える可能性があるのである。

ライアン・エイヴェント『デジタルエコノミーはいかにして道を誤るか――労働力余剰と人類の富』(月谷真紀訳、東洋経済新報社、２０１７年)は、現代におけるロボット問題の本質を的確に言い当てている。彼はそれをひとことで「価値の配分の問題」として指摘する。彼の論理を短く紹介しておこう。

(1)デジタル革命は高度に生産力を上げ、グローバル化を進め、少数の労働で高度な生産力の実現を可能にしつつある。したがって労働力の余剰が生まれるのは必然である。

(2)それは「つらい労働」を減らし、「生きるために必死で働く必要がなくなるということ」(10頁)を意味する。しかし「ユートピア実現の最大の難関は、生産力を上げる方法を考案することではなかった。それはすでに果たされた。難しいのは再分配なのだ。」(13頁)

(3)「いまだ果たされていないのは、労働時間をまんべんなく引き下げられるように生産の成果を均等に分配することだ。それが実現できていないのは、政治的に非常に難しいからである。労働と再分配の持続可能なバランスを編み出すのは想像を絶するほど難しい。特権を享受する富裕層は、貧困層を支えるための金銭的負担をしたがらない。富裕層が提案するような再分配は、しょせん持つものと持たざるものの間に途方もなく大きな、不公正ともいえる所得格差を残すことだと貧困層は思うだろう。自分たちが事実上不要な人間となり国からの施しでおとなしくさせられているような社会にも不満を持つだろう。下手な再分配策を取れば、能力や意欲のある個人が経済を良くするために働こうというインセンティブが失なわれ、成長が停滞したり、社会の全ての構成員に生活水準の向上をもたらす社会的余剰が足りなくなったりすることになりかねない。」(14頁、傍点原文)

(4)「労働力の余剰を克服するために社会に変化を起こすとなれば、歴史上の闘争が再来する」(16頁)。「だが来たるべきものがもうすぐこようとしている。C地点—デジタル革命の恩恵が平和な形で広く分かち合われる世界—に到達する前には、困難が控えているだろう。それはすでに始まっている」20頁)。「社会の激変の戦場はすでに生まれつつある。それは次のような問いが発せられる場だ。

経済的豊かさを生み出した功績は誰のものか、生み出された富に預かる権利は誰のものか。」（23頁）

(5)「個人と社会、社会のインサイダーとアウトサイダー、この二つの軋轢が、デジタル革命によって出現した根本的な不和の正体だ。デジタル革命の可能性を最大限生かすためには、国が社会の富を共有する割合を高めなければならない。ところが、メンバー間で富を共有する度合いが高くなるほど、社会というサークルのメンバーを制限しようとする圧力が強くなっていく。」（31頁）

いくつかの点では、ライアンの論理には論争点があるとしても、大きな枠組みで見たときには、今、ロボット・デジタル革命がなにを課題として人類に突きつけているかは、共有することができる。

またジェレミー・リフキンは、『大失業時代』で、「大失業時代」の到来の危機を踏まえつつ、それを克服する可能性について同様の視点を提起し、次のように述べている。（注4）

「わたしたちはいま、歴史上に類がないほど巨大な社会的変化をもたらす新たなテクノロジー革命のまっただなかへ押し流されようとしている。この新しいハイテク革命は労働時間を短縮させ、幾百万の人々により大きな恩恵を与えるかもしれない。近代史上はじめて、多くの人間が伝統的な市場での長時間労働から解き放たれ、余暇活動を追求する自由を手に入れる可能性が生まれたのだ。だが、その同じテクノロジーの力は、失業の増加と世界規模の不況とをいともたやすく招きかねない。わたしたちを待ち受けている未来が、バラ色に輝くか灰色にくすむかは、情報化時代における生産性の向上で生み出された利益がどのように配分されるかに大きく左右される。利益が公平平等に分配されるには、全世界で労働時間を短縮し、もはや市場ではその労働力を必要とされない人々に対して民間部門でも公共部門でもない第三の部門――社会経済――による代替雇用を促進するよう各国政府が一致協力して取り組む姿勢が欠かせない。だが逆に、ハイテク革命による生産性向上でもたらされた富が、もっぱら企業の儲けをふやすために、あるいは株主、企業のトップ、そして新たに生まれつつあるハイテク知識労働者というエリート層の利益のためにもっぱらもちいられるならば、持つ者と持たざる者との溝はますます広がり、ひいては全世界的な規模の社会的、政治的混乱を引き起こしかねない。」(35～36頁)

それらの指摘からは、現代日本においても、ロボット・デジタル革命とグローバル資本の戦略との結合から生まれている問題が非常に大きく展開し、社会の矛盾、格差の拡大が展開しつつあること、にもかかわらずその矛盾があたかも技術革新がもたらす不可避な困難であるかのように人々に押しつけられていることが見えてくる。

さらにまた、労働時間の短縮を求めたり、賃金格差の拡大に対する闘いは、この問題を克服していく闘いにほとんど直接的に繋がっていることが見えてくる。さらにまた、デジタル革命とロボット開発が急速に展開する今日の時代が、同時に、グローバル資本の利潤を増大させることを第一の目的として、今までの国民国家が持っていた社会の富の再分配システムを後退させる政治が世界各地で推進される新自由主義の跋扈する時代と重なっていることの危うさもまた明確に見えてくる。そのような対抗を含んで展開する経済体制をめぐる探究とたたかいの中で、人間の労働が資本の利潤獲得の動機によって雇用され、機能させられる事態から、次第に、人間の創造性、共同性、自然との共生等の実現という動機によって労働が推進されていくものへと組み替えられていくべきことが認識されていくだろう。そしてそのような労働の価値をより豊かに実現する力として、AI技術やロボット技術は、人間にとって不可欠なものとなるだろう。もちろん、その過程を主導するのは、生産技術そのものの発展ではなく、人間の豊かさ、平和、安全、主体性を高め、人間存在の意味を、より平等な社会的基盤の上で実現しようとする人間の不断の努力、人間的な価値の探究、政治的な不断の「自由獲得の努力」（日本国憲法第97条）であろう。

以上のような検討を踏まえるならば、技術やロボットの発展が必然的に、不可避に人間労働を駆逐するという議論は、批判すべきイデオロギーであるということができる。これが今回の検討の結論である。

注

（注1）井上智洋のロボットと経済に関する著作は以下のようなものがある。①『人工知能と経済の未来――2030年雇用大崩壊』（文春新書、2016年）、②『AI時代の新・ベーシックインカム論』（光文社新書、2018年）、

③『ヘリコプターマネー』（日本経済新聞出版社、２０１６年）、④『「人工超知能」――生命と機械の間にあるもの』（秀和システム、２０１７年）

（注２）井上は、ベーシック・インカムの導入は、現在の所得税制度を利用すればスムーズに導入できると説明している。具体的には、一律に所得税を25％引き上げるという方策で、一人84万円のベーシック・インカムが実現できるという論理である。累進課税制を大幅に強めることでおよそ65兆円を生み出すというわけである。必要な１００兆円の残りは、福祉費からもってくるとしている。この方法は、結局は累進課税制度を強化するということに近い方法である。所得税の最高税率が現在50％だとすると、75％まで上げるということを意味する。そして低所得層については、一人84万円の支給と25％の税額とがプラスマイナスされ、所得３３６万円以下は、給付されることになり、それ以上についていては、税額から84万円が引かれることになる（所得が３３６万円では税額が84万円で、給付が84万円で、プラマイゼロとなる）。その限りでは、このベーシック・インカムは、企業からの財源ではなく、一旦国民に配分された所得の再配分だけで実現できるとする。法人税はどうするのか、全く触れていない。これでは、国家の財政支援によって、低賃金構造を支えるという性格になってしまわないか。その点で、社会の富の労働分配率、企業分配率の変更なしのベーシック・インカム論となっている。しかし、資本の富には全く手をつけない方法で、ベーシック・インカムのための巨大な財源を調達することは本当に可能なのだろうか（『ＡＩ時代の新・ベーシック・インカム論』参照）。

（注３）野口義直「ＡＩと資本主義の未来」『経済』２０１８年12月号、新日本出版社、参照。

（注４）ジェレミー・リフキン『大失業時代』松浦雅之訳、ＴＢＳブリタニカ、１９９６年。

第6章　社会を作る知と政治的公共性の世界

——「人材」形成と「主権者」形成の二つの教育目的をめぐって

（一）課題、問題関心――知が作用する二つの回路について

この章では、「知識基盤社会」論に立つ学力要求が、主として、労働力人材に求められる学力へと傾斜し、社会を作る主体としての人間の役割、そのために必要な知と学力の領域が、次第に縮小されていく傾向にあることを指摘する。

しかしそれは単にグローバル経済競争に役立つ人材が、経済の側から要請されるということだけを意味するのではない。実は、グローバル資本主義は、政治形態における新自由主義を呼び寄せ、政治と経済の関係性を組み替える。市民革命は、基本的人権の実現をこそ最大の目的とする議会制民主主義による政治を生み出した。そして主権者による民主主義政治は、市場経済という仕組みに対しても、生存権保障、労働権保障などのためにさまざまな規制を及ぼし、その点で、資本の活動の自由を制限してきた。さらには、資本に蓄積される巨大な富の一定部分を税として国家財政へと移転し、その富によって国民の生存権や安全や公共的な福祉を推進してきた。それらは、国民の主権者としての意思によって統治された国民国家の政治の根幹の機能となってきた。その意味では、労働の担い手としての労働能力の形成と、主権者政治の担い手としての政治的力量の形成とが、公教育における学力形成の二大目的として把握されてきたと言うことができる。

もちろん、言うまでもなく、この二大目的は、さまざまな形で、歪められ、一面化され、時には奪

われたりしてきた。特に主権者の育成という公教育の目的は、時の政治によって大きく歪められ、変質させられてきた。戦前の日本においては、自由な政治主体としての市民形成、主権者としての国民形成は否定され、天皇制国家に奉仕する臣民形成が展開され、公教育は侵略戦争への国民動員の機能を背負わされた。

この章では、人間の知識は、どのような回路を通して新しい社会の形成や創造に関与するのかということをあらためて検討してみたい。「知識基盤社会」という概念は、主に、あるいはほとんど、知や技術が、社会の経済的生産力を高めることを通して人類に恩恵を与えるという側面から、知の意味を把握する。しかもこの回路は、現代の生産が資本主義的生産様式によって行なわれているために、資本にとっての剰余価値の増大という目的を実現するために知や技術が開発され、それが商品の直接的生産過程に入り込み合体することで、その力が実現されるということとして現実化される。その結果、知や技術の力は、経済的生産の手段を所有する資本の力として現れ、資本に膨大な価値をもたらし、資本それ自身を増殖させる力として実現されることとなる。もちろん、知や技術の高度化によって生産力が高度化し、その結果安価で便利な——より大きな使用価値をもった——商品が消費者に提供される結果、その恩恵は広く人びとに享受されるという面がある。しかし、それは様々な矛盾や社会問題を引き起こしつつ展開する過程となる。

しかし人類の知には、それとは異なる回路を通して社会を発展させていく機能を背負った領域がある。それは誤解を恐れずにいえば、政治という方法に依拠した回路である。しかしそれではあまりに乱暴な言い方かもしれないので、いくつかの説明を最初にしておこう。ここでいう政治とは以下のような内容を指す。

(1)政治は人類史的に見れば、共同的にしか生きられない人類の集団が、その共同性を実現するために、集団の関係性を作り出す営みとして展開されてきた。集団の秩序を作り出す営みと言って良い。それは、原始的な共同体の秩序から始まって、やがて支配と被支配という権力的な秩序の形成へと進み、奴隷制、農奴制、封建制などとして発展してきた。そしてようやく市民革命の時代において、基本的人権の承認と個人の政治的主権者としての政治参加の権利、議会制民主主義制度の獲得を介し、討論と民主主義による合意を経て新しい社会のありようを作り出していく仕組みが生み出された。この民主主義政治による合意形成は、社会においていかなる規範や価値を実現すべきかを主権者の議論によって達成し、合意された価値が社会の仕組み、制度や関係規範へと具体化されていく仕組みである。それらの過程を通して知は、社会を創造し変革する力として働くこととなった。政治という方法は、そのような意味において、知を社会の創造と変革へと具体化していく回路として機能していると捉えることができる。

(2)市民社会の出現を支えたのは資本主義的生産の開始であった。そして資本主義的生産の仕組みを介して、生産過程において働く知の急速な開発と応用が展開され始めた。それは、機械制大工業の本格的な展開の段階において、知や技術の開発が相対的剰余価値の増大に繋がるという発見によって、強力に推進されるようになった。

(3)そういう意味では、市民革命の時代は、二つの新しい生き方を生み出してきたと把握することができる。一つは経済における資本主義的生産様式であり、もう一つは、議会制民主主義による国民主権の民主主義政治である。この両者は、当初、相互不干渉ともいう関係が主張された。それはアダム・スミスの「見えざる手」の論理に代表されるように、経済の政治からの自由として把握された。しかし、産業革命の進行が労働者に及ぼす破壊的な影響を押し止めるために、政治は経済に干渉し、8時間労働制などの「規制」を及ぼしていくことになった。知は、この二つの回路を通して、時には対抗する社会的な力として、人間社会において機能してきたと言うことができる。

およそ以上のような仕方で、人類の知の発展は、二つの異なる回路を通して、その社会のありようを作り出す大きな力として機能してきた。もちろん、このような回路とは別に、人が直接に文化を消費し楽しみ創造するというような回路もあり、知が人間と社会に作用する回路はさらに多様であると見ることもできる。しかし経済的生産と政治という回路は、知が働く主要な回路であることは間違いないだろう。そしてそういう視角から見れば、「知識基盤社会」論で対象化されている知は、人間の知の全面を把握したものというよりは、経済的生産過程に働く知に焦点化されたものとなっていると見ることができる。この知に関する政治と経済の力学については、さらに次のような問題を検討しておく必要がある。

（二）グローバル資本と国民国家の力学──新自由主義の政治的本質

1　新自由主義の展開──ミシェル・フーコーの新自由主義把握に即して

ミシェル・フーコーは、近代における統治の仕組みを、資本およびその上に立つ政府の国民統治方法としてのパノプティコン（一望監視システム）として把握した。しかし彼は、『生政治の誕生』(注1)の検討を通して、新自由主義の市場経済の法則を社会全体に強力に浸透させる統治の方法としての「生政治」という概念を提起した。

フーコーの新自由主義把握の重要な方法的特質は、そもそも、アダム・スミス以来の、資本主義経済理解に組み込まれた基本テーマ、すなわち政治による経済に対する統治不可能性という問題を巡る論争の中に資本主義的支配の基本問題があると捉えた点にある。

フーコーは、アダム・スミスの「見えざる手」の理論は、経済法則の認識不可能性に立つ論理であり、そこにこそ「自由主義」の基本理念があると捉える。しかしその後、ナチズム、統制国家、福祉国家、ケインズ主義による強力な国家介入などの形をとって経済にたいする国家の統治が肥大化する。そしてその介入の失敗は、統治が市場の論理へ介入し経済法則それ自体をコントロールしようとしたことにあるという新たな反省が生まれ、そこに「新自由主義」の理論──政治による経済への介入を避けるとともに、市場的競争の論理を促進して、「純粋」な経済の論理が貫徹する場を作り出すこと、市場の論理、競争の論理が貫徹する環境を創出することを政治的統治の中心的な任務とする新たな政治経済学――が出現したと把握する。「市場」は、「一つの真理のようなものを明らかにすべきもの」(『生政治の誕生』40頁、以下同様)、「いまや真理陳述の場所として構成され」(41頁)、経済学＝市場は、国家の正当性を「審級」する位置へと転換する。そこでは「経済学的格子によって、統治行動をテストすることが可能にな」り、「厳密に経済と市場の観点から統治の行動を評価すると主張する経済的法廷」(304頁)が出現し、その結果「ラディカルに経済的な国家」(104頁)が出現した、と把握する。

その「政治経済学」とは社会契約に基づく主権者の政治とは異質の、経済によって「審級」された政治であり、市場の要請にしたがって国民を「統治」する技術へと展開していくのである。そしてこの「政治経済学」はハイエクやフリードマン等によって発展させられ、練り上げられ、新自由主義の政治経済学として世界を改造することになった。(注2)

フーコーは、その統治技術を「生政治」として把握した。新自由主義政治の任務は、「競争の形式的構造が作用可能となるような具体的な現実空間を実際に整備すること」――「積極的自由主義」(165頁)――とされ、そのための「独占の放置」「失業の放置」「不平等の必要」「所得移転型福祉の禁止」「社会政策の個人化、民営化」等々が展開されていく。さらに労働者を、市場において自己の所有する資本からより高い所得(賃金)を引き出すとする「人的資本論」に立って競争的に行動する経済人(ホモ・エコノミクス)として「主体化」する政策が展開される。それが「生政治」である。

「生政治」は人びとの「生」を資本にとって最も望ましい方向へと向かわせる。それは、労働者を競争主体として「主体化」するための「環境介入権力」（佐藤嘉幸『新自由主義と権力――フーコーから現在性の哲学へ』人文書院、２００９年、72頁）として展開する。

その把握は、従来の国民国家が、国民主権政治に立脚して、経済――すなわち企業や資本――をコントロールし、その経済活動に対する規制をかけるというような行為、すなわち国家政治による経済への介入を行ってきたことを根源的な政策的誤りとして批判し、グローバルな資本にとっての市場の自由の論理の貫徹のための政策への転換を強力に求めるという、今日の新自由主義の政策の本質を言い当てたものとなっている。

今や世界が、そして人間のあらゆる生活様式と行動規範が、グローバル資本の競争戦略に沿って改造され、その規範が人間の一挙手一投足に当てはめられようとしているのである。そしてこの変化を土台として、高度な知と技術の開発が競争戦略上最も重要な部門として位置づけられることで、社会が「知識基盤社会」として把握されるようになってきたのである。

要するにこれらの変化は、労働者の闘いや、議会を通した民衆の闘いを反映した国民国家の最も重要な理念として維持されてきた価値や制度を一挙に掘り崩すものである。それは人権と民主主義、一国の経済の内発的発展、福祉や安全の確保――もちろんそれは先進国の特権であったし、世界を帝国主義的に支配し搾取することで可能となった豊かさの上に実現されたものであったことは確かだが――を担ってきた国民国家の解体と言って良い。新自由主義国家は、その意味では福祉的政策を強めた国民国家の解体を進める新たな権力として登場しているのである。

2　新自由主義の世界構造とその変革――ウルリッヒ・ベックの視点

ウルリッヒ・ベックは、国民国家の解体と新自由主義による世界政治の展開を視野において、この事態を逆転させ、グローバル資本に対する民衆的コントロール、民衆の政治によるコントロールの可能性を、『ナショナリズムの超克――グローバル時代の世界政治経済学』(注3)（以下の引用頁数はこの本の頁数）において、探究しようとした。その論理は以下のように展開する。

(1)ベックは、グローバルな新自由主義において、「一国社会と国際社会という次元を超えて今ここで動いている世界内政治は、その出発点において一つの完全にオープンなメタ権力ゲームになった」と把握し、「その権力ゲームにおいて境界線、基本的な規則、基本的な区別が国内／国際という次元だけでなく、世界経済と国家、国家を超えて行動する市民社会運動、超国家的組織、各国の政府と社会によって新たに交渉して取り決められるということである。」（vi頁）と把握する。

(2)この状況においては、「ナショナルな視点にとらわれた政治的現実主義」は「誤り」とされ、「コスモポリタン的現実主義」がおかれる。そこでは、次の問い――①「世界経済の行為主体はいかに、そしてどのような戦略によって、国家に通商の法則を強制しているか」、②「逆に国家は世界経済の行為主体に対して政治的自由、グローバルな公正さ、社会保障、環境保全を含んだコスモポリタン的体制を世界政治の資本に強制するために、世界経済の行為主体からいかにして国政上のメタ権力を取り戻すのか」（vi—vii頁）が立てられる。

(3)このメタ政治＝メタゲームにおける行為主体は「諸国家、世界経済上の行為主体、グローバル市民社会という三つの行為主体」と（「大まかに」）把握される。（14頁）

(4)「世界経済」は新自由主義を進める。「新自由主義の主題は、世界政治上を移動している資本の歴史的瞬間を制度的に確定させようとする試みである。資本の展望は、極論すれば、完全に自立的に自己貫徹し、サブ政治的、世界政治的権力行為として古典派経済学の戦略的な権力空間と可能性空間を広げていく。」（17頁）

(5)政治のナショナルな視点の土俵は、「資本（世界政治）という権力の優越性」を生み出す。その土俵が規定する「方法論的ナショナリズム」を「方法論的コスモポリタニズム」へと改造することが不可欠となる。それが新自由主義に対するわれわれの国家改造戦略となる。

(6)このメタゲームにおいて、世界政治の権力に対して、「コスモポリタン的市民」（グローバル市民社会）と、方法論的ナショナリズムを克服した「国家」との共同が対抗し、そこに「コスモポリタン的現実主義」が展開するととらえる。「資本戦略の目標は、新自由主義国家の形成のための新しい正統性の源泉を開拓するために、資本と国家を融合させることになる。反対にグローバル市民社会と行為主体の目標は、市民社会と国家の結合、つまり、国家の性質のコスモポリタン的形式を発展させることである。」（34頁）

その際にベックが最も重視するのは、現実の国家が持つ「方法論的ナショナリズム」の克服である。「方法論的ナショナリズム」とは「政治の実践と政治学における社会と政治についての国民国家を中心とした理解」を指し、「方法論的コスモポリタニズム」とは、その「方法論的ナショナリズム」への「コスモポリタン的批判」（40頁）であるとされる。

「人類が苦しんでいる大きな不平等が、国家の権威と国家というものに固着した社会科学との暗黙の共犯関係の中で組織された無関心によって、どれほど安定的に『正統化』されているのかを考えると、驚くべきことである。業績主義が小さな不平等の肯定的な正統化を可能にしているのにたいして、国民国家主義は、大きな不平等の否定的な『正統化』という機能を果たしている。業績主義によって、反省的かつ相互的な正統化がまかり通る。つまり（原則的に）社会的不平等は、非特権者の了解を得るようになるのである。これに対して国民国家主義による正統化が『否定的』であるのは、この主義が反省的でもなく、相互的でもなく、非特権者と排除された者の了解を得られないからである。国民国家は地球規模の不平等を正統化する方法を暗中模索している。国民国家は無反省で、業績主義のような反省に基づいているのではない。制度化された沈黙による否定的な正統化、つまり物事を見ようとしないことは結果的に正統化ではないがもっとも了解を必要とする貧者や人間の尊厳を奪われた人びと、排除された人びとの了解を排除してしまうのだ。国民国家は地球規模の不平等を正統化しない。むしろ正統化されていない地球規模の不平等を視野から締め出し、そのことによって不平等の構造を安定させている。……ヨーロッパの国民国家は、自国の成長と反映を背後で支えていた植民地主義と帝国主義の忘却を制度化したものである。」（44頁、傍点原文）

「暴力の歴史、神話、ナショナルなものというイメージは、国境を越えて発生し、国境を侵害し、つまり常にトランスナショナルなものであるが、結果的には、コスモポリタン的準拠枠の中で、再構成され解読されるのである。ナショナルな歴史は、ナショナルなものの準拠枠を二重化しないならば、トランス・ナショナルな歴史であり、帝国主義、植民地主義、従属、戦争、攻撃と防衛という血の歴史であり、自らを永遠の犠牲者として認識する犯罪社会の歴史なのである。簡潔に言うならば、国民国家のパラダイムを立ち去る者のみがナショナルな神話形成の隠された国家を超えた性質を認識できることになる。ナショナリズムとその国家理念の解読は、コスモポリタン的な啓蒙のプロジェクトとしてのみ可能である。」（62頁）

ここに見事に「方法論的ナショナリズム」批判の視点が規定されている。そして、もし国家が「方法論的ナショナリズム」に閉じこめられるならば――「ナショナルなものの罠」（112頁）にはまるならば――、国家と世界経済との対抗は、世界経済のメタ権力（新自由主義の世界政治）の勝利につながるとする。そして「国家の現実の権力は自己封鎖、つまり新自由主義とナショナリズムによって麻痺させられている」と見る。しかし「国家と政府が二つの自己封鎖を破る」とき、「国家を超えた新たな権力とコントロールの可能性を切りひらく」（114頁）とする。この視点は、グローバル時代において、世界経済のメタ権力に対抗する新しい国家のあり方は、国民国家を「方法論的ナショナリズム」と決別させ、「方法論的コスモポリタン主義」に立つ国家へと改造しなければならないという提起となる。ベック自身はその可能性について必ずしも確信を表明しているわけではない。しかし、そこにこそ、可能性が切り拓かれる戸口があることは明確である。それは一言で言えば、グローバル資本の世界改造戦略に対抗し、国家を超えて——方法としては国家間の連帯を通して——人権、民主主義、福祉の規範を、そしてグローバルな資本の富を世界の民衆に再配分していく新たな政治——方法論的ナショナリズムを乗り超えた新たな国民主権の政治——を生み出すことを意味する。そしてまた、知と技術の開発も、このような開かれた——方法論的ナショナリズムを克服した——国民国家の共同による新たな世界政治の土台の上に、据え直されなければならないだろう。

フーコーとベックに依拠しつつ、新自由主義をいかに把握するかを検討してきた。その検討を踏まえるならば、「知識基盤社会」は、グローバルな資本の世界支配という経済的、政治的土台の上に作り出された、資本と新自由主義国家による知の支配の構造と言わなければならない。人類は、資本主義を切り拓くとともに、議会制民主主義という方法によって国民主権の権力を創出し、ある意味で巨大な富を資本の下に蓄積する経済の仕組みをコントロールし、その富（の一部）を、国民全体に再配分する仕組みを作り出してきた。資本主義の発展は、強固な国民経済的な仕組みを土台に展開してきたということと結びついて、政治による経済世界への関与、統治は、一定の有効性を保持してきた。しかし20世紀の後半からのグローバル経済の進展は、その国民国家の枠組みを超えて、資本の自由が働く段階へと本格的に展開し始めた。そしてそのことの第一の帰結は、それまで国民国家（したがって国民主権の権力）が資本（＝経済活動）にたいして及ぼしてきた国家的規制が解体（緩和）されていくという事態であった。しかし帰結の第二は、グローバル化し強力な経済力を背景にしたグローバルな資本が、逆に自らの世界戦略を遂行するために、この国家権力を掌握し、自らの世界戦略遂行の政策を実施する権力へと改造しつつあることである。新自由主義国家とはこの二つの役割を担って、国家と社会を改造し、人々をその社会に適合させようとする権力として出現している。

そのような権力構造の組み替えの下に、知の開発と人材の育成の仕組みが、世界経済に勝ち抜く知・技術の開発へと傾斜し、巨大な富（資本と国家財政）を注ぎ込んだ国家的なプロジェクトとして推進されるようになった事態が、「知識基盤社会」として出現しているのである。したがって、「知識基盤社会」は、知の高度化、技術の急速で絶えざる開発それ自体が、いわば自然必然的にもたらす社会構造の発展、展開なのではなく、巨大資本と新自由主義国家のグローバル戦略によって捉えられ、方向づけられた知と技術の現代的な展開の姿として把握しなければならない。そしてそこには、あらためて、国民主権の意思が知と技術の開発をコントロールするとはどういうことなのかが、資本そのものをいかに人類がコントロールすることができるのかという問いと一体になって、人類の明日のありように切実に関わる難問として、世界の危機にいかに対処するかに関わって、問われる事態が出現しているのである。

（三）新自由主義社会の政治的知のありようについて
――「ホモ・エコノミクス」と「ホモ・ポリティクス」という分析視点

フーコーの新自由主義の分析に依拠するならば、新自由主義は人々を競争の主体、「ホモ・エコノミクス」として生きさせようとする。その核心に「人的資本論」が据えられる。重要なことは、新自由主義は、決して子どもを、発達の権利や生存権をもつ人間主体としてではなく、剰余価値をもたらす商品（未来の労働力商品）として捉え、それに相応しい能力の形成を求める。第一に、自らの労働力を「資本」として、そこから最大の利益を得ようとして市場競争で切磋琢磨する主体、いわば労働者個々人もまた市場で競争する一つの「企業」主体として捉え、そのための規範を身につけるように求める。すなわち新自由主義の「政治経済学」の視点から、人間を把握するのである。その結果、人々は、新自由主義の下において、自己の能力資本、子どもの能力資本にできるだけ多大に投資し、その「資本」からできるだけ多くの利潤＝「所得」を引き出すために、いかに主体的に、有利にこの競争に参加するかを工夫し、その結果として、「ホモ・エコノミクス」（経済人）として「主体化」され、この支配システムに深く統治されていく。

重要なことは、この新自由主義の統治技術としての「知」、あるいはその下において許容されている知は、もはや国民主権政治の知とは異なった性格をもって展開していることである。経済世界を批判的に対象化し、経済世界に働きかけ、「規制」し、経済の論理からの自由の下で働く知が、ここでは封印されていくのである。だから生き方の方法としての「政治」は奪い取られていく。それは先に述べた経済、資本の生産力の増強の回路からは独立して、政治の回路において働く知を剥奪するという性格をもつこととなる。

ウェンディ・ブラウンは、このフーコーの「ホモ・エコノミクス」概念を受けつつ、そのことによって人間の生き方から奪い取られようとする「ホモ・ポリティクス」としての生き方の方法の復権を提起する。(注4)

ブラウンは『いかにして民主主義は失われていくのか——新自由主義の見えざる攻撃』(中井亜佐子訳、みすず書房、2017年)において、次のように主張する。「ホモ・ポリティクス」は、経済の論理を超えて、あるいは経済の論理の支配性、搾取性に対抗して、その社会の統治の仕組み、政策などに働きかけ、それを改革・変革することを通して、自己の存在を価値あるものとして実現しようとする主体を意味する。歴史的な政治変革の主体は、その意味において「ホモ・ポリティクス」によって実現されてきたということができる。権利という概念の発見、その権利を組み込んだ社会システムの構築もまた「ホモ・ポリティクス」の力によって達成されてきたものである。そして主権者としての意思として決定された「規範」(たとえば8時間労働制などの資本への規制政策など)を経済世界に「規制」として及ぼしたのも、この「ホモ・ポリティクス」による政治であったということができる。そして市民革命という政治の大きな転換を経て、政治は、基本的人権の保障という規範を土台にするものへと合意されていった。人類は、政治という方法に拠って、すなわち「ホモ・ポリティクス」の価値規範に立つことにおいて、現代を基本的人権を保障し合う社会として形成してきたのである。

ブラウンは、「新自由主義的合理性による主体の『経済化』としての」(29頁)「ホモ・エコノミクス」の肥大化の結果、どんな社会変化が起こるのかを指摘、告発する。

「人間を人的資本と見なすことは、多くの波及効果をもっている」(34頁)。その結果、ホモ・エコノミクス化により、①人的資本として役立たない人間は、「(政治による)社会契約的な約束」によって救済されること(人権、生存権保障)がなくなり、失業や窮乏などの「極度の損失可能状態を甘受」(246頁)させられ、②「不平等が標準となり、規範的」になり、「勝者と敗者の存在を特徴と」(36頁)するようになり、③「全てが資本となるとき、労働はカテゴリーとして消滅し、その集合的な形態である階級もまた消滅して、疎外、搾取、労働者間の連帯を分析する基盤もなくなり」、労働組合も消失し(36頁)、④「ホモ・エコノミクスしかいなくなったとき、市民性《シティズンシップ》の基盤が消失し」、「集合的な政治的主権を主張する市民、すなわちデモスという概念そのものも消滅」(37頁)し、「民主主義的制度が不在であるような状況」(38頁)が生まれる。

そこにおいて働く知の規範的な力がどのような違いをもっているのかを、私の理解に即して表にま

表　「ホモ・ポリティクス」と「ホモ・エコノミクス」の知に組み込まれた規範

ホモ・ポリティクス の知の規範	ホモ・エコノミクスの知の規範
平等、差別禁止、生存権保障	能力主義、競争参加の自由、結果的格差は必然
人間の自由 、所有の制限（＝富の再配分）	競争の自由 資本の活動の自由、所有の自由
基本的人権の保障、一人一票という人権の平等	「資本」主権、資本量による発言権の差
労働参加と賃金保障を権利として捉える	労働力市場への参加の自由、雇用は競争で確保
言論と民主主義　合意での規範形成	市場競争が経済的正義を実現する
生存権保障、平等に向けての価値の再配分	競争による価値配分、格差は自己責任
主権者としての政治参加による社会主体化	市場競争を介して雇用を獲得して社会に参加
人間の存在的価値＝人間の尊厳の実現	人間の価値＝労働能力、人的資本としての価値

とめておこう（上記表）。ただし、この左側の「ホモ・ポリティクス」の知の規範――知に内在化された規範――は、市民革命を経た民主主義政治の段階におけるものである。

この違いを踏まえるならば、「ホモ・エコノミクス」の規範と「ホモ・ポリティクス」の規範との間には、生き方についての大きな差異があることが分かる。「ホモ・ポリティクス」の規範の合意点は、基本的に憲法的規範としての社会的正義と見なすことができる。これらの分析を通じ、ブラウンは、社会の諸規範、価値、法が、新自由主義の「経済的合理性」に照らして審級され再解釈されるたびに、人類の長い政治的闘い、ホモ・ポリティクスの苦闘によって社会や制度の中に組み込まれてきた民主主義が、その意味を再解釈され、本質を剥奪され、経済の論理、資本の追求する利潤の論理で置換され、ホモ・ポリティクスの方法としての民主主義が剥奪され、政治の世界の論理――政治という方法に依拠して自己を社会の主体として登場させる生き方――が消滅させられつつあると警告を発する。

(四) 知が働く「政治」の回路の回復
――学校教育は、「方法としての政治」を起動させうるか

子どもたちが生きている学校という学習空間において、その場に働く価値や方法意識は、その学習の目的を方向づける。高度の知を身につけた人材として労働の場に入っていくという強力な目的、そのための競争が組織されている場においては、知の働く第一の回路が強力に意識される。しかし、教室に、人権や人間の尊厳を実現しようとし、現代社会の矛盾を解決していくという情熱、そのための自治と政治、学習目的が立ち上がっていない空間においては、人間の共同性のより良いあり方を解明し、その解決のための合意を形成していく知の獲得は、意識化されない。現在の学校は、知を、第一の回路において働く知としてしか捉えられないままに、もう一方の公共的なコミュニケィションの世界において共同的に生きるための人間の知を作り出すという第二の回路を、ますます見失ないつつあるのではないか。

1 「方法としての政治」と公共性空間

知が人間社会の形成力として働くもうひとつの回路――「政治」という社会的合意の回路――にとって不可欠なものは公共性空間である。

政治の方法――民主主義的な政治の方法――の基本は、表現とコミュニケィションにある。だから政治への参加とは、表現によって政治的価値の選択をめぐる論争に参加し、生きている場の課題を共有し、その解決のために新たな価値規範や関係性についての合意をその場に作り上げていくことである。だから政治は自己の表現が他者を動かし、社会の公共的な合意を形成し組み替える力をもっていることへの実感に依拠して、はじめて立ち上がってくる方法の世界なのである。そして歴史的に見るならば、この民主主義に依拠した「方法としての政治」の発見は、幾多の武力闘争や武力的弾圧に対するたたかいを経て、また人権概念の発見を通して、コミュニケィションの規範を相互に承認し合うことによって、平和的方法で合意を作り上げる人間的理性の発見、その方法への多くの人びとの深い同意と信頼の形成によって可能となってきたのである。そこに民主主義的なコミュニケィション規範によって規律された議論と合意の公共性空間が、生み出されてきたのである。

ハーバーマスは、『コミュニケイション的行為の理論』（河上倫逸訳、上中下巻、未来社、1985―1987年）において、そういうコミュニケィションを成り立たせる規範を、「正当性」（規範的一致）、「真理性」（命題的知識の共有）、「誠実性」（主観的な正直さへの相互信頼）として把握した。そしてこの規範における「妥当性要求」と結びつけられた「了解志向的態度で遂行された発話行為」（中、47頁）によって相互了解が成立するとした。(注5) そしてその中で言葉（コミュニケイション）が力――自己と他者に対する拘束力――を持つとした。

「参加者たちが発話行為をなすときに発言されたことの妥当性に対する要求を掲げる限り、かれらは、自分たちが合理的に動機づけられた同意を達成し、この同意を基礎にして自分たちの計画あるいは行為を調整できる、という期待から出発する。しかもその際、単純な命令や結果を示しての脅かしの場合とは異なり、強制的に、あるいは報酬への見込みをちらつかせて他人の経験的な動機付けに影響力を行使する必要はないのである。基本話法が十分に分化することによって、了解のための言語的媒介は、責任能力のある行為者の意思を拘束する力を獲得する。自我と他我が共に自分の行為を妥当要求に志向させることができるようになると、ただちに、自我はこの発語内的力を、他我に対して行使することができるようになるのである。(注6)」（傍点原文）

もう少し文節的に、この「方法としての政治」が成立する要件を見ていこう。するとそこには、次のような要素が組み込まれていることが捉えられるだろう。

(1)自己および他者の人間性への信頼を土台として、個の尊厳の希求を共有し、個々人が抱えている困難や矛盾に「共感」すること。意思表示として個から発せられる人間的な表現への共感的受容。

(2)表現（「言葉」）のもつ他者への働きかけの「力」への信頼。それに応答してくれる他者を立ち上げること。人間的応答性によるコミュニケィションの規範の相互承認。

(3)人々が共有する正義規範によって規律された公共性空間の形成。その場を土台にして、生きる場の主権者として、平和的な「方法としての政治」に依拠し、共同的な自己実現のための政治へ参加すること。

人類は、確かに、その歴史過程で、長期にわたって、暴力を行使して他者を支配することで共同性を成り立たせる秩序――差別的な秩序――に依拠した政治を続けてきた。しかし市民革命は、個の尊厳や基本的人権という価値を社会的に承認させ、その価値を土台にして関係性を形成していくという新たな平和的な方法に依拠した政治、新たな共同性を実現する段階を切り拓いた。そこには、基本的人権や人間の尊厳や平等などの価値が承認され、組み込まれている。そのことが民主主義的な公共性空間の第一の前提となる。それは当然、人権や人間の尊厳をこそ共通の価値として実現していきたいとする願いを共有する空間でもある。そしてその願いは、その空間の規律として働くとともに、その公共的な空間を維持していこうとする力ともなる。

第二に、そのような空間において、共同性のあり方――社会の秩序や制度のあり方、課題に対する対処の方法、選択や合意の形成――が議論され決定されていく。それは民主主義という方法によって行なわれる。その過程にはコミュニケィションそれ自体に組み込まれた規範が働く。確かにコミュニケィションに内在化された規範をどう把握するか、それに関わる人間の真理認識の可能性などについては論争があるとしても、重要なことは、人類は、コミュニケィションを介して合意を形成するという方法を高めてきたのであり、この合意形成のための規範は、コミュニケィションの発達と共により普遍的なものへと発展していくと捉えることができるだろう。

第三に、共同性の人間的あり方の探求という課題の共有とコミュニケィション規範の主体的獲得を踏まえて、人々は、自らが、共同性を担う主体として、この公共性空間に、新たな関係や秩序や規範、正義等々を形成する主体として登場し、議論と合意形成に参加する。それは自らが生きる場の主体、生きる場の主権者として政治参加する過程となる。

重要なことは、このような「方法としての政治」が起動することで、知は、社会の共同性を作り出し組み変えていく力として働くこととなる。この公共性空間の中で合意へと高められることで、知は、社会的な力、人間社会を作り出す力として働くのである。そしてまたそのような知を議論し、合意していく主体となることにおいて、人は自らを社会の主体として実現していくのである。

2 「政治という方法」の剥奪・喪失状態

この「方法としての政治」が成立するために不可欠なものは、この空間（公共性空間）が、人間の尊厳を実現することを目的として存在しているという安心や信頼感であろう。人はそれを土台として、表現に応答してくれる他者との関係を作り出す。

表現は、応答してくれる他者を立ち上げる力をもつことによって、他者へ働きかける方法として機能することができる。応答してくれる他者と出会い、その応答し合うつながりの中に規範や価値や一定の認識を共有することで共同的な意志を作り、それを社会的意志として組織化し機能させるときに、「方法としての政治」は社会を作り出す力として展開する。しかし今、そういう応答的関係が極度に奪われつつある。

子どもたちは、極度に自己の真実についての表現を避ける。おかしいと思っても、その場に期待されている、あるいは排除されないための、居場所を確保するための表現（戦略的表現）を注意深く選択する。過剰に気遣いし、他者の求める自分を演出する。そこでは自分の真実に応答してくれる他者を見出すという表現の機能はほぼ断念されている。だから表現は、自分たちの真実に依拠した思いや認識や意思の共同的形成（合意形成）の力を奪われていく。むしろ、その空間の支配と被支配の論理に同調し、その支配を強化する同調者、人間の尊厳を奪う共犯者へと自己を貶める性格をすら帯びる。たとえばいじめに同調する表現を強いられる中では、いじめへの加担者になることを強制されてしまう。これらの中では、「方法としての政治」を立ち上げる表現の機能が奪われているのである。この状態のままでは、自己の表現を通して、その場の主体として登場することは困難となる。

同じことの別の側面でもあるが、公共性空間それ自体が、個の尊厳を守り、励まし、意識化し、支える共同の場としての性格をもつかどうかが問われている。確かに現実的な政治論争の場という意味での政治の過程は、対立的でもあり、権力的な支配や抑圧が展開する場でもあり、決して政治の場は個の尊厳を励まし受け入れる空間としては機能できないかもしれない。だからこのような支配的政治権力と「たたかう」という決意をもった強固で意識的な主権者であることにおいてこそはじめて、政治参加は激しく意欲されるものとなるだろう。しかしそれでも、そういう「政治」の現実——ある意味で敵対的利害の衝突としての政治——の土台に、個の尊厳や人権を実現する共同を高めたいとする意思が人々に感じ取られること、そしてそこへの参加が励まされることが、不可欠であろう。だからこそ「方法としての政治」を起動させるためには、公共性空間は、同時に個の尊厳にたいする深い共感と支えを組み込んでいなければならない。

今、子どもや若者の生き方や意識において、政治という方法的世界で生きるということが、非常に大きく後退している。一言で言えば、「政治という方法」のほぼ完全な剥奪、喪失状態、あるいは「政治という方法」についての無力感を背負わされている。現代の子どもが生きさせられている関係と秩序——市場的な競争のメカニズム、子どもたちにとっては学力テスト競争、あるいはいじめなどの粗野で暴力的な支配と被支配の秩序など——の動かしがたい現実に直面して、その中でサバイバルするには競争に勝つほかないと考えさせられ、自分の力で今生きている場の関係性を組み替えていくことなどできるはずもなく、自分にそういう力があるという実感も経験もほとんどもてない状況におかれている。自分の力の発揮の方法として「政治」という方法があるなどと考えたこともない。絶対的にすら見える現実の秩序、支配的な仕組みを批判的に検討し、その秩序、関係性自体を批判し、みんなの合意によって異なった秩序、関係性を生み出していく方法、一人ひとりがその生きる場の共同の権利主体としてその場の関係性と規範を新たに作り直していくことが政治の方法だとするならば、そのような方法への信頼と実感を奪われた場には、政治は絶対に立ち上がってこないのである。そしてそういう状況においては、各自が現代を捉え、社会的正義を探究し、合意を形成し、社会のあり方を変革的に実現していくという回路で働く知は、機能できなくさせられているのである。

3 学校の中に「方法としての政治」を立ち上げる
——憲法規範、子どもの権利条約を学校の中に生かす

日本の学力競争は、「方法としての政治」を否定し「市民的自立」を妨げる性格を持つ。

第一に、今日の学力競争システムは、知の構造に独特の性格を与える。偏差値獲得のために知が獲得される。知は偏差値に換算されて初めて意味をもつ。主体的課題把握と切り離されているために、知が主体性を強め、科学性を主体の思考や行動の力量へと組み込むという回路が閉ざされる。競争が学びを意欲させる形になり、競争がなくなると知への意欲自体が消失する。その過程には、知をめぐる合意という過程やそのための場は、存在しないのである。一人ひとりが自分の正義とする知を持ち寄って合意を形成し、知をめぐる合意の主体へと自己を位置づける過程もまた存在しない。知の吟味は、個々人からは独立した客観的な自然科学的な手続き（実験や証明）で行なわれるにとどまる。自分が支持し、社会的合意へと押し上げる知という性格は成立しないのである。

第二は、学力の獲得が、人材形成（労働力商品としての価値を高める）を目的にして取り組まれる。

それは「ホモ・エコノミクス」の規範における生き方の上での自己の力量の増大を目的とするものとなる。この視点からは人間形成における「ホモ・ポリティクス」の力量の獲得がオミットされ、市民的自立のための学びとしての性格が奪われる。

第三に、政治に関わる課題が、学びにおける批判的分析の対象領域から大きく排除され、教育内容とカリキュラムの「非政治化」が強力な圧力の下で進行している。本来、教育における政治的中立性とは、なによりも、権力が教育価値に介入しないという意味、政治権力は教育価値内容に対して「中立」の立ち位置を求められるという意味で使用されるものであるが、ここで言う「非政治化」は、政治問題は扱うなという圧力によって、社会や政治そのものを批判的分析の対象に据えて自分たちの生き方や「方法としての政治」を立ち上げていく学びを、教育の場から排除するということを意味する。単にある特定の政治的主張や考えを抑圧するということではなく、一人ひとりが生きている関係性、生活、生き方を批判的に考え、主体的に作り、変革していく方法を奪い、また自分の中にそういう力があることを意識させないようにすることである。今自分が生きている関係性、制度、等々は自分の力で変えようがないものとして、それを受容して生きるほかに道はないと思わせるということである。

子どもたちが生活する学校空間は、現状では、方法としての政治を否定する力学に満ちている。いじめの広がりは、子どもたちの生きる空間に暴力と抑圧が深く浸透していることを示している。強い同調圧力に囲まれ、本当の表現ができない関係性が広がっている。言葉は戦略化され、子どもたちはどう自分の安全と居場所を確保するかという神経をすり減らすようなサバイバルゲームの中におかれ、大きなストレスを味わっている。同時に若者は、労働への参加の困難と雇用の格差化を目の前にし、自己の競争力、サバイバル力《りょく》としての学力向上競争に激しく追いやられている。だから生きるための方法は、競争に生き残ることと粗野なミクロポリティクス化した世界でのサバイバルが中心となる。そのミクロポリティクにおけるバトルの方法は、市民社会（民主主義社会）の規範に背くものであり、強者への屈服、多数への同調、排除や孤立化の方法を使った支配、暴力による支配などである。子どもたちはそういう方法を生きる術として発見していく。その結果、人間性の破壊、深刻な心的外傷、排除と孤立等々が、学校の中にも生み出されていく。子どもの世界においても、「ホモ・ポリティクス」の規範――人権、平和、民主主義、平等、表現の自由、生存権保障、等々――は、価値も実際上の力ももたないものとして断念されていく。

ここには、「応答してくれる他者」との表現を介した共同への方法は、立ち上がりようがない。そこでいくら憲法を文章として「記憶」しても、その正義が、自分の尊厳を守ってくれるものであるとか、その方法を獲得することで自分がエンパワーされるのだとか、他者と教師もまたこの憲法的正義を実現するために全力で頑張っていて、だからみんなといっしょに生きることができるのだというような感覚が持てないのである。「方法としての政治」の無力さを徹底して感じさせられているのである。

だとするならば、学校教育と教師は、子どもたちが深い困難や苦しみのなかで生きていることに人間として深い共感を寄せ、その課題に立ち向かい、子どもが人間として生きることができる場へと教室を組み替えることに挑戦しなければならない。「方法としての政治」をその教室空間に立ち上げることができなければ、主権者教育など成立しようがない。

市民的自立のありようは、その多様な場——共同的に生きるほかない多様な場——のそれぞれにおいて探究されなければならない。子どもの集団、学校、地域、多様な社会集団、自治体、さらには国家は、それぞれの場の中に「方法としての政治」を立ち上げ、一人ひとりがその場の主体＝主権者となり、市民的自立を実現すべき場となる。

繰り返すことになるが、そのためには、まず第一に、先に見たように、「相互に応答し合う関係性」を立ち上げることが必要となる。自分の表現に応答してくれる信頼できる他者の発見を介して、自己の表現が他者への働きかけの力をもっていることを感じ、その表現を介して自己の思いを社会化、公共化するという方法への確信を生み出さなければならない。政治とはこの表現の力に依拠する方法なのである。この力への気づき、信頼無くして「方法としての政治」は立ち上がらない。

今、子どもたちは表現することが非常に難しくなっている。自分の抱えている苦しみや困難やおかしいという感覚をそのまま表現することは、大変に困難になっている。「おまえには価値がない」、「おまえの困難はおまえ自身の自己責任によるものだろう」、「自分の努力の足りなさを棚に上げて批判などできるはずがないだろう」……。それは関係への働きかけとしての政治の最も根源に据えられるべき能動性を封殺する。いじめの暴力的空間でサバイバルするための戦略的な同調の表現は、自己の誠実な表現、他者に働きかける表現としての質を奪われ、むしろ関係の奴隷としての自己を演じさせもする。表現に対する徹底的な抑圧と否定、恐れという状態から、いかにして主体的な表現を取り戻すのかが問われているのである。そのためには、自己の思いに共感してくれる他者が不可欠となる。自己を否定する関係を打ち破る大きな力となるのが、他者による共感と承認とケアであろう。ジュディス・ハーマンは、心的外傷から回復するためには、自己の表現を遮断された孤立状態を脱すること、そして自己の思いや表現に共感してくれる他者の支えとケアによる「人間の共世界（human commonality）」――共に生きる世界――の回復が不可欠であることを指摘している。(注7)

教育現場で、多くの困難を抱えた子どもたちに寄り添い、共感し、思いを引き出し、その思いや願いを共に生きる立ち位置を選び取り、子どもの思いを能動的表現に高めていくという教師の苦闘が続けられている。そのような中で、自己の表現の力（他者に働きかけていく方法としての力）への手応えと確信がはじめて生み出される。主体性はそのような方法の展開の中で、具体化されていく。

もう一つ重要なことは、学校の中に、学びの場に、公共性空間を構築することである。日本学術会議の「21世紀の教養と教養教育」（2010年4月5日）は、「現代社会において生起し深刻化するさまざまな問題や課題に適切に対応し、その平和的な解決を図っていくにはそれらの問題や課題の解決に向けての多様な取り組みに参加・共同する知性・知恵・実践的能力の形成とそれらの多様な取り組みを支え推進する基盤としての市民社会の豊かな展開が重要である」とし、そのためには三つの公共性――「市民的公共性」「社会的公共性」「本源的公共性」――の活性化が重要であるとしていた。他者と共に生きるためにはそこになんらかの共同的な公共性を打ち立てなければならない。「根源的な公共性」――人間の尊厳の実現を共同の目的とする関係の構築――、その場の課題を探究しその解決に共同して組む取り組む共同性――「社会的公共性」――、民主主義とコミュニケィションによって共同性を構築していく方法的な公共性――市民的公共性――、この三つの公共性を立ち上げることが、「方法としての政治」の展開に不可欠となる。これらの公共性の舞台において、表現は、共同的に生きる空間の規範や方法や正義についての合意を生み出す力として機能する。このことは大学教育の課題にとどまるものではなく、子どもたちの学びの場に必要なことであることを強調しておきたい。

公共性を成立させうる規範は、外から持ち込まれるのではなく、応答的関係、表現とコミュニケィションを重ねる中で、コミュニケィションに参加する者たちの力によって生み出されるのである。共に生きるほかない関係性の中で、他者と自分の尊厳を守りあう共同を探求し(「本源的公共性」)、生きる共同的空間の課題をともに担い(「社会的公共性」)、対等な他者との合意形成の規範を共有して(「市民的公共性」)、応答的コミュニケィションで新しい関係性を自分たちの生きる場に生み出していくことが必要である。

学習空間の性質という点で見れば、日本の教育現場は絶対的な真理伝達の一方向的な空間という性格が圧倒的に強い。そこでは個々の子どもは真理発見主体としては位置づかない。またなにが正しいのかの判断主体として責任を担うことが求められていない。「真理」や「正解」は教師が判定する。しかし公共性空間は、共同的に生きるための規範を自分たち自身で発見し、組み込まなければならない。学習はその場においてこそ展開されなければならない。そこでは知の探求は、そこで作り出されていく共同の目的と深く結合されている。

共に生きるしかない関係の中に立ち上げられる「方法としての政治」――それは「方法としての自治」と言い換えてもよい――は、各自が応答責任を背負いつつ共同性を担い、価値主体、判断主体、合意主体となるプロセスである。学校の中、学びの場に、このような公共性空間を立ち上げ、「方法としての政治」を起動させることが、必要となっている。そのような学びの場は、知が人間社会の形成に作用するもう一つの回路、人類にとって不可欠な知の役割を実現する場として働くことになるだろう。そこでは一人ひとりの知が、まさに主権者の知として、尊厳を持つ人間の意思を表す対等な知として――正解か間違いかなどという知識評価の基準とは全く異なって――、働くのである。

経済的生産の高度化に働く知の回路だけに依拠することでは、真に知を人間社会に機能させることはできない。「ホモ・ポリティクス」の力を剥奪する新自由主義の論理に私たちの生き方を委ねてはならない。「知識基盤社会」論は、なにを人間社会を支える知として捉えるかについての吟味を経て、批判的に読み解かれなければならない。だから、この「知識基盤社会」論にそって学校カリキュラム改革、教育改革を進めようとする教育改革は、その知や学力の内容、そこで目指されている人格のありようなどについて、批判的に吟味されなければならない。

注

（注1）ミシェル・フーコー『生政治の誕生』ミシェル・フーコー講義集成8（コレージュ・ド・フランス講義1978―79）、慎改康之訳、筑摩書房、2008年。

（注2）その歴史的展開については、ナオミ・クラインの『ショック・ドクトリン――惨事便乗型資本主義の正体を暴く』参照。

（注3）ウルリッヒ・ベック『ナショナリズムの超克――グローバル時代の世界政治経済学』島村賢一訳、NTT出版、2008年。

（注4）ウェンディ・ブラウン『いかにして民主主義は失われていくのか――新自由主義の見えざる攻撃』中井亜佐子訳、みすず書房、2017年。

（注5）ユルゲン・ハーバーマス『コミュニケイション的行為の理論』（河上倫逸訳、上中下巻、未来社、1985―87年）73頁。ハーバーマスは、西欧政治における市民的民主主義政治の形成を主導したのは、マスコミの発達などにも支えられた政治を批判的に吟味する社会的公共性空間の歴史的形成であったとする（『市民的公共性の理論』）。さらに、近代における科学的真理探究の方法論の拡大、人権や平等などの近代的正義や価値の承認という歴史的条件を土台にして、それらの規範を組み込んだコミュニケィションによる討議、論争と合意の形成としての政治が、民主主義政治の基本的な方法として実現されてきたとみる。『コミュニケィション的行為の理論』は、そういう近代政治の方法としての言語的コミュニケィション規範が、いかに形成され、合意され、承認されてきたのかを解明しようとしたものであった。

（注6）同上、220頁。

（注7）ジュディス・L・ハーマン『心的外傷と回復』中井久夫訳、みすず書房、1996年。

第7章

「知識基盤社会」と学力

――知識基盤社会、「Society 5.0」社会、ロボット、ＡＩと教育の未来

（一）問題関心

知識が高度化すれば人間の能力が高まり、また社会の生産力が向上し、その結果として、人間の自由がより豊かに実現されていくのではないか。しかし現実はほとんど逆の展開をしているかに見える。そのために、次のような歪みやその克服の課題が生み出されていく。

(1)知の力は、なによりも経済領域で、生産過程にその高度な知が組み込まれることで、急速に生産力が高度化し、そのことで企業は相対的剰余価値、特別剰余価値を獲得し、結局その知の力は生産手段を私有する資本の力、資本の利潤の増大として現実化されていく。知が社会に作用する第一の回路が強力に展開する。

(2)知の発展は、人間労働に代わって、それよりも高度な作業をこなす機械を生み出す。そしてその高度な作業機械を人間労働と置き換える衝動を生みだす。そこではあたかも労働力市場に、普通の人間が勝てもしない高度な労働能力を持った機械労働者（ロボット）が参入するかに作用する。そのため、多くの労働者が市場競争で敗北し、失業者や低賃金労働者が生み出される。

(3)労働力市場での競争は、人間が獲得すべき知を、人材形成という視点から強力に規定する。それは競争と評価の仕組みを介して、学校教育の内容を統制し方向づける。その結果、教育の場は、生産過程に働きその生産性を高度化する作用を持つ知の獲得に焦点化され、学校教育における教育の質が、そのような知へと一面化され、社会形成主体、主権者としての知、共同的に生きていくための関係を作り出す知、社会矛盾を捉え分析し、方策を見い出していくような知が、次第に見失なわれていく。

(4)人材形成のための知は、単に個々人の競争課題として追求されるに止まらず、国家間の激しい競争ともなって展開していく。グローバル資本と新自由主義国家との共同による知の開発、労働力形成は、国家的プロジェクトとして展開していく。かくして、知の開発と人材養成のための公教育が強力に国家管理されて展開していく。

(5)それらの動向に反比例して、個々人の人格の内部にある目的や価値と結合して、その個人の力の高度化を通して、社会主体、人権主体、自己実現主体としての個人を高め、新しい社会のあり方を共同的に切り開いていく知の回路が、縮小されていく。人々が共同のあり方を探求していく知の回路を起動させせない圧力や仕組みが、様々な場——とくに学校——に浸透する。資本の剰余価値生産をどう増大させるかという目的の下に管理された知のありよう、そして「ホモ・エコノミクス」の行動規範と結びついた知への一面化を、どう克服するのかが問われる。

(二) 公教育システムをめぐる価値管理の仕組み

そういう歪みをもった知が、教育価値の管理システムによって、学校教育に強力に推進されている。特に2000年代に入って、新自由主義教育政策の下で、教育内容と教育価値を管理する仕組みが緻密なものとして作り出されてきた。

それは、目標管理システムとして作り出された。具体的に見ると、①教育基本法に教育の「目標規定」を置いて、価値内容を指定し、②学習指導要領でそれを具体化し、③教育行政による一方的な学習指導要領解釈にもとづく教科書検定を行ない、④教育振興基本計画で子どもや教師が達成すべき目標を数値すら伴って首長や教育行政が提起し、⑤学校現場にその目標実現のためのPDCAサイクルを組み込み、⑥教育目標を子どもがどれだけ達成したのかを学力テストで計測、評価し、⑦それらの達成度が人事考課で評価、賞罰されるという仕組みによって、教師が、管理、監視される。

しかもそれらによって管理される価値指標は、数値化された形で作用していく。教育をめぐる達成度が数値化されることによって、教育価値にたいする管理は新たな様相を帯びていくこととなる。

第一に、就職競争をはじめとしてグローバル競争に向けて子ども・若者を「人材」として育成していくという企業からの要求、同時に「競争主体」化された子どもや親の要求に応える競争的学校教育システム改革の力学の上で、数値化された教育目標は、あたかも子どもの発達や学習の到達度を評価する客観的な指標であるかに受けとめられ、教育の価値的な目標を巡る論争が押し隠されていく。

第二に、教育の指標が数値的な指標として提示されることで、巨大な教育産業によってその数値目標に沿った教育プログラムが開発され、それらはネットを介して、誰でもがアクセスすることができる教育サービスとして商品化されていく。教育＝学習によって到達すべき目標とされる国家的な基準は、同時に現代社会をサバイバルするための市場的な競争基準として機能する。かくして学校教育と市場化された教育は、共に、コンピュータ的な緻密な数値処理によって操作・管理される人材形成の場として統合されていく。

第三に、コンピュータによってビッグデータから導き出される能力や学力においては、客観的知識、諸課題をこなすコンピテンシー、専門的技能、操作能力、等々――客観的に伝達可能な知と技術の領域――に焦点がおかれ、広い人間の教養の全体性、政治や社会や歴史についての教養、他者と共に生きる人間の技や道徳性の形成などの領域が切り捨てられていく。なぜならば、これらの領域の知は、教育価値選択をめぐる国民的な議論を介して教育の中に合意として位置づけられてきた領域だからである。これらの知の探求と獲得を公教育の中で維持していくためには、絶えず教育的合意を教育の世界で作り直していくこと――それこそまさに国民の教育の自由の中心的な営みである――が不可決である。しかし、教育行政はそれを抑圧し、教育産業は、そういう合意を国民的なものとして形成していく仕組みも関心ももたないのである。ＡＩもビッグデータもまた、そのような知を選び出す能力――国民の教育の自由を代替する判断機能――はもたないのである。

第四に、教育行政は、公教育管理の説明責任をこの数値指標を用いて果たすことができるようになる。その結果、この数値による管理が、学校評価、学校管理、学校改革を主導する力を持ち始める。権力が学力を目標化しそれにそって成果（数値的なエビデンス）を示すことが、人々の学力向上の願いを支える働きとして受けとられ、権力が教育の内的価値を方向づけ管理することが正当化されていく。むしろそのような統制的管理が、国民の教育要求に応答する権力の責務として支持されるという意識上の転倒すらも引き起こされる。すでにＯＥＣＤの提起する指標に沿った国際競争力としての学力の向上を掲げることで権力が支持され、ナショナリズムと学力政策が一体化する事態が生まれている。権力の教育への内容的介入が教育の公共性や国民の教育の自由を破壊するという見方ではなく、その介入こそが教育の公共性に対する権力の責務を実現すると捉えるような認識が生み出されていく。

第五に、教育の現場、子どもの要求と教師の専門性とが結びつく中から発見され課題化される教育の要求、目標、それを探究する教育実践を通して検証され合意されていく教育的価値――いわば下から発見されていく教育的価値――が、無視され、排除されていく。それは、職員会議の伝達機関化、経営的教師管理システム、統制的な人事考課システム等で緻密に制度化されていく。こういう展開の中で、教育における国民、住民、教師の役割と責務、権利が剥奪されていく。「国民の教育権論」が提起し意識化した教育の自由の世界を作り出していく共同の力量が、大きく後退させられていく。

第六に、これらの新しいシステムによって、教育の自由を理念とした公教育システムと教師の専門性に依拠して形成されてきた権利としての教育の制度的な体系それ自身が掘り崩され、国家と巨大教育資本による公教育の支配が進展する。公的な学校教育制度、教師の世界に蓄積された専門性や教育文化資産、そしてそれら全体が国民主権と国民の教育への権利（国民の教育権）によって統御される仕組みが奪われ、権力と巨大教育資本の戦略によって教育の公共性の組み替えが進んでいく。

(三)「Society 5.0」の未来像と教育像

知のありようを教育のありようと深く結びつけて提起したものが、「Society 5.0」構想に沿った教育改革プランである。それは、今まで検討してきたような「知識基盤社会」がもっている知の一面的構造をより強く組み込もうとしている。

1 「Society 5.0」構想の性格について

「Society 5.0」いうキャッチフレーズが使われ出したのは、2016年の「科学技術基本計画」からであった。当初この言葉はかなり思いつき的な言葉であったようだが、その後、日本の経済開発の未来像を捉えた言葉として、政策の中に深く組み込まれていくことになった。アベノミクスの行き詰まり、世界経済競争での立ち後れ、社会の格差の拡大による未来への希望の喪失などの困難が押し寄せてくる日本社会の未来閉塞のイメージを一挙に払拭するものとして、様々な分野で「Society 5.0」の未来像が展開され始めている。

その特徴は、第一に、高度なAIに依拠した情報化、デジタル化社会が到来するとし、ビッグデータに依拠してAIが「正解」を出し、その判断によって社会問題が解決され、豊かさを実現できるという未来像をその土台に据えていることである。対抗しようとしているドイツの「第4次産業革命

(Industrie 4.0)」が世界市場でドイツ産業が勝利していくための国家的な産業戦略であるのにたいして、「Society 5.0」構想は、ＡＩと情報の発展が、新しい産業構造と未来社会をもたらすという、いわば科学技術における勝利が自動的にあたらしい日本社会と経済競争力をもたらすという未来社会像を描いている。そして、それに対応する社会インフラと情報市場を一挙に基盤整備していくための経済開発構想という側面が強いものとなっている。(注1) しかも、ＡＩと情報社会の発展が、社会問題までをも克服した未来を引き寄せるという、イデオロギッシュな未来像が組み込まれている。しかし、それは、矛盾——社会格差や貧困の噴出、雇用の格差や困難、地球環境の危機、等々——についての分析を伴わず、ただビッグデータに依拠したＡＩが解決策を提供してくれるという、まるで空想的な未来像になっている。

第二は、日本の産業構造の全体に対する責任ある構想、したがって国民が、どんな労働に従事し、日本社会で安心して生活していくことができるのかという未来への責任ある計画を欠落させている。グローバル化の中で、世界競争の論理によって、ますます一国の産業の安定的な構造が破壊されつつある。地域に循環する持続的な経済や産業構造をどう維持、持続させていくかが非常に重要な課題になってきているが、それらはむしろ世界的な競争力を妨げるものとして排除されている。

第三に、「Society 5.0」構想の一つのリアリティーは、デジタル情報社会化、ＡＩによって管理された高度な社会的生産のネットワークの形成（ＩｏＴ＝Internet of Things)、そして社会のシステムをこのようなスマート・デジタル社会に適合させるための社会インフラの再構築という再開発構想をそこに据えていることにある。国家挙げての「Society 5.0」構想のためという「お墨付き」によって、新しいデジタルシステムとその社会基盤の開発に向けて、膨大な国家予算が注がれ、ＩＴ企業に膨大な資金が注ぎ込まれていく仕組みが作り出されていくだろう。

第四に、この構想のもう一つのリアリティーは、人材育成とその中心としての公教育への改変政策としての側面にある。ＡＩ開発に象徴されるような新たな知とデジタル技術の開発、その最前線で働くことのできる人材の育成が、この構想に根拠づけられて公教育改革へ持ち込まれようとしている。

安倍政治の推進する新自由主義の政治の行き詰まり、グローバル資本が作り出した社会の亀裂や危機を、なんでも解決してくれるＡＩとビッグデータ開発がもたらすとする根拠のない「明るい」未来像を提示することで覆い隠そうとする政治的な意図がその背後にある。

2 「Society 5.0」構想に依拠した教育政策提言――教育と学校像の転換という教育改革

ここで取り上げる政策文書を最初に列挙しておこう。

①閣議決定「第5期科学技術基本計画」（２０１６年）
②内閣府「未来投資戦略２０１８――『Society 5.0』『データ駆動型社会』への変革」
③文部科学省「Society 5.0に向けた人材育成～社会が変わる、学びが変わる～」（２０１８年）
④教育再生実行会議第十一次提言「技術の進展に応じた教育の革新、新時代に対応した高等学校

改革について」（2019年）

⑤経済産業省「『未来の教室』とEdTech研究会」

「第1次提言」（2018年6月）

「第2次提言」（2019年6月）

「AIやビッグデータ等の先端技術が、学びの質を加速度的に充実するものになる世界：Society 5.0における学校（「学び」の時代）が間もなく到来する」（「Society 5.0に向けた人材育成」8頁）とされる。そして「Society 5.0」という未来像は、AIの発展と高度な情報社会、知識基盤社会に向けたあらたな教育システムの構築に向けた大胆な教育改革の根拠とされ、教育情報産業の公教育への参入が推進されつつある。その教育改革の基本的性格は「教育における情報通信技術、AI（人工知能）、ビッグデータ、ICT（情報通信技術）民間教育事業者や産業界との連携のフル活用であり、公教育の市場開放（民営化）」である。(注2)

その教育で獲得すべき能力や教育の方法については「高い理数能力でAI・データを理解し、使いこなす力に加えて、課題設定・解決力や異質なものを組み合わせる力などのAIで代替されない能力で価値創造を行う人材が求められ」（「未来投資戦略2018」101頁）るとし、「その質と量が我が国の将来を決定づける」とされている。そこからコンピュータやAIを使いこなせる能力、そのための「思考の基盤となるSTEAM［Science, Technology, Engineering, Art, Mathematics］教育を、全ての生徒に学ばせる必要がある。こうした中で、より多くの優れたSTEAM人材の卵を産みだし、将来、世界を牽引する研究者の輩出とともに、幅広い分野で新しい価値を提供できる数多くの人材の輩出につなげていくこと」(「Society 5.0 に向けた人材育成」13頁)と課題化される。

またそのための教育の方法については、AIとビッグデータ、情報技術を駆使した「公正に個別最適化された学び」が次のように強調されている。

◇「Society 5.0 に向けた人材育成」(文科省)

第1章　新たな時代に向けて取り組むべき政策の方向性

「……多元モデルにおいて鍵となるのは、認知科学やビッグデータ等を活かした『教育や学習を科学する視点』である。……多元モデルの教育においては、EdTech 等の導入により、活用できるツールの選択肢が広がっていく。こうした時代においては、教育方法や手段を決定する際の拠り所となるのは、認知科学やビッグデータの活用等、『教育や学習を科学する視点』であり、そういった視点によって、単なる費用対効果論を乗り越える、真のＥＢＰＭ(Evidence-Based Policy Making)が実現される。そのためには、現在は、国、地方公共団体、民間事業者等の様々な主体が別個に保有しているデータを集約し活用できるようデータ規格の標準化やデータのオープンソース化を図っていくことが必要である。」(11頁)

第3章 (1)「公正に個別最適化された学び」を実現する多様な学習の機会と場の提供

①学習の個別最適化や異年齢・異学年など多様な協働学習のためのパイロット事業の展開【全国の小中高等学校○校程度で実施（学校数は今後検討）】

「児童生徒一人一人の能力や適性に応じて個別最適化された学びの実現に向けて、スタディ・ログ（学習履歴）等を蓄積した学びのポートフォリオ……を活用しながら、個々人の学習傾向や活動状況（スポーツ、文化、特別活動、部活動、ボランティア等を含む）、各教科・単元の特質等を踏まえた実践的な研究・開発を行う。」

②スタディ・ログ等を蓄積した学びのポートフォリオの活用

「EdTech を活用し、個人の学習状況等のスタディ・ログを学びのポートフォリオとして電子化・蓄積し、指導と評価の一体化を加速するとともに、児童生徒が自ら活用できるようにする。（注3）……EdTech は学習支援のみならず生徒指導、教師の働き方改革や学級運営等、あらゆる面で教育の質を向上させる可能性があることから、ＩＣＴ環境の整備、ビッグデータ活用に係る個人情報保護の在り方についての整理等の条件整備や、強みと限界を踏まえた効果的な導入方法など、EdTech の一層の活用に向けた課題の整理及び対応策について官民を挙げた総合的な検討を行った上で一定の方針を示す。」

そこに展開する学校像について、経済産業省の「『未来の教室』と EdTech 研究会」の「第1次提言」（2018年6月）は、次のようなイメージを提起している。

(1)学習者中心に学び方をデザインする「学びの社会システム」
(2)民間教育・公教育の姿を変え、世界・地域社会・産業界・先端研究とも繋ぎ合わせるEdTech
(3)「未来の教室」のラフ・スケッチ（ワークショップなどで集められた声を編集したもの）
①幼児期から「50センチ革命×越境×試行錯誤」を始める(注4)
②誰もが、どんな環境でも、「ワクワク」（遊び、不思議、社会課題、一流、先端）に出会える
③学習者が「自分に最適な、世界水準のプログラム」と「自分に合う先生」を幅広く選べる
④探究プロジェクト（STEAM（S））で文理融合の知を使い、社会課題や身近な課題の解決を試行錯誤する
⑤常識・ルール・通説・教科書の記述等への「挑戦」を、（失敗も含めて）「学び」と呼ぶようになる
⑥教科学習は個別最適化され、「もっと短時間で効果的な学び方」が可能になる
⑦「学力」「教科」「学年」「時間数」「単位」「卒業」等の概念は希釈化され、学びの自由度が増す
⑧「先生」の役割は多様化する（教える先生、教えずに「思考の補助線」を引く先生、寄り添う先生）
⑨EdTechが「教室を科学」し、教室は「学びの生産性」をカイゼンするClass Labになる
⑩社会とシームレスな「小さな学校」に（民間教育・先端研究・企業／NPOと協働、企業CSR／C

ＳＶが集中）

そしてそこでは、共に議論する教室や共同学習者、発達の全体性を専門的に組織する教師、学習者の学習意欲を意識化したり励ましたりする教育の働きかけ、現代を生きるために必要な知恵や価値の共同的な探求などが削除されようとしており、そのことによって「学びの生産性」が高度に「改善」された「個別最適化された学習」と、企業や教育産業と深く一体化された「社会とシームレス（継ぎ目なくつながった）」な「小さな学校」が構想されようとしている。(注5)

3　「公正に個別最適化された学び」の問題点――教師の働きかけは不要になるのか

この「未来の教室」は一体どういう性格をもつものなのか。まず、「個別最適化された学び」という理念を検討しよう。

ＡＩがビッグデータと個人の学習ログ（学習履歴）に依拠して学びのコンテンツや方法の「最適課題」を提示する。そこから提起されるカリキュラム、教育方法、教育課題のシリーズに即して、個々人が「個別最適化された学び」を段階を踏んで遂行していくという学習・教育像である。それは個に最も適合した学習のコースを提供するという宣伝にもかかわらず、その子ども固有の課題や学びの方法の発見を支える教師の専門性の指導のない、しかも共同の学びのない孤立した学びを生み出す。それは、最も安価で、校舎と教室空間と教師が配備されなくてもよい――学校を統廃合しても可能な―

—教育システムとなる。それらは、市場化された教育として、いつでもインターネットでアクセスし、ダウンロード可能な、「個別最適化」された課題を提示してくれるバーチャルな公教育システムとなる。それは巨大な教育ビッグデータを占有する教育産業が商品として独占的に提供することができる教育の仕組みとして展開するだろう。

その際に検討しておく必要があるのが、「個別最適化された学び」という理念の問題性である。その「最適化」は、今日のＡＩ技術においては、大きな限界をもっている。その「最適化」された学習課題、学習プログラムは、定型化されたアルゴリズムや確かめられた認識の発達過程、その順序化された段階に即して、あるいは間違いの類型に対応してその誤りを修正するような課題を提供する方法で作り出されるものとなる。到達目標に沿って、そこに至るためのプロセスが段階化、課題化され、「最適課題」が順番に、しかも認知科学や時には心理学的ケア視点からの配慮まで含んで——最近のパソコンは、長時間の作業で、入力ミスが多くなると休憩を推奨してくれるように——提示されるだろう。そのようにして到達目標へ至る細かく区分された階段を一つひとつ登っていくような「個別最適化された学び」が提供されるのである。

しかし学習は、本質的な意味において、価値探究の過程である。それは単に獲得対象となる科学的な知識それ自体が価値をもつということを超えて、実は子どもが、どう生きるかを探究し、その学習によってよりよく自分の生き方を切り拓いていこうとするような価値の探求の過程である。その意味で、学習自体が価値的、価値探求的なのである。個々人の学習ログとビッグデータに基づくＡＩによる「個別最適化された学び」は、その個々の子どもの生き方の土台にある価値葛藤や、さらには学習を通して子ども自身が意識化し自らの生き方に実現しようとしている課題や価値の探究に寄り沿い、その意味での一人ひとりの学習の固有の主体的な回路を見い出し、それを支援できるのであろうか。学習に向かうとき――学習に向き合うことが困難な状態を含んで――、そこにある葛藤や拒否の感情や意欲喪失やあるいは興味や頑張ろうとしている構えなどの子どもの固有の価値的な構えに応答するような「個別最適化された」支援や課題の提示を、ＡＩができるのであろうか。生活綴方を書く子どもに寄り添い、その世界を子どもと共有し、子どもの意識的な生き方を引き出そうとするような「個別最適化された学び」への支援をＡＩが代替できるとは考えられないのである。その子どもの葛藤に共感し、子どもの命を共に生きようとする他者としての教師をＡＩが代替できるとは考えられないのである。

もちろん、ＡＩが推奨する「個別最適化された学び」のプログラムは、子どもに寄り添う教師を支えることはできよう。しかしそれは教師の指導を決して不要にはしないのである。

4　「スキル化」される学び――学びにおける公共性空間の重要性

最初に、ここで使う「スキル化」という概念を限定しておきたい。スキルとは通常ある定まったものごとの処理方法、手続き、法則やアルゴリズムを使いこなせるようになること、そのためにそれらの方法や手続きを繰り返す訓練過程を表した概念である。そこには記憶の強化という内容も含まれるだろう。しかし単純ではない。スキルは、その対象となる現状や事象に対しての働きかけを伴うとき、その働きかけの繰り返しのなかで、その方法を調整し——方法それ自体の組み替えをも伴う——、対象の本質により深く接近していくプロセスともなる。(注6)

モノ造りの職人の熟達過程はまさにそのようなプロセスとして把握されるだろう。また科学研究者の熟達もまたそのような性格をもっているだろう。重要なことは、そこにおけるスキルは、スキルそれ自体を課題としたものではなく、対象に迫ること、あるいは探究の目的を達成することがその過程の本質的な動機、目的であり、その目的達成への試行錯誤の過程が、その技や認識を深化させ、熟達させていくスキルの過程として働くのだということである。子どもの学習においても、本来、スキル(習熟)の過程は、学習者の学習目的そのものの達成という過程に主導されて、だからスキルはその学習過程の主目的としてではなく、副産物として達成されていくということである。すなわちそのスキルの過程自体が、学習者の学習目的、学習意欲に包摂されて遂行されていくことが必要なのである。スキルの過程は、そのような質を持つことにおいて、応用力をも育てる。もちろんその子どもがその年齢に相応しい学習意欲や目的をどのように形成すべきかがさらに問われなければならない。(注7)

この検討を踏まえて言えることは、もしこの子ども自身の目的に向かう構えを欠いて、ただ提示される能力を身につけることのみが学習課題とされていくならば、それは、ただ課題をこなせる「〇〇力《りょく》」(コンピテンシー)を獲得するための機械的なスキルとなり、競争に勝ち抜くための「苦役」になっていくだろう。ここでは、このような学習者自身の学習意欲、目的と切断されて、目標とされた

「○○力」を獲得するための訓練としてプログラムされた学習をスキル化された学習と呼ぶ。この学習の「スキル化」は以下の特徴を伴うものとなる。

(1)スキルを進める意欲は、「学力」として評価される「○○力」を獲得する競争によって喚起される意欲となる。自分の興味や目的を実現するための意欲的な学習過程と切断されてしまう。

(2)そのため、スキルの内容自体は、対象そのものに働きかける過程と切り離されており、学力の能動性、創造性、応用性等を発展させる力が弱くなる。

(3)そのようなスキルの学習が学習の全体を占めてしまうならば、子どもは、その教育において、自己の関心を発展させ、目的を意識化し、生きることそのものを豊かにしていくという行為の一環として学習を遂行することが困難となる。

「Society 5.0」という未来構想から見い出される人材養成、人間能力への要請は、はたして、どのような意味で子ども自身の生きることと結びついているのだろうか。STEAM教育は、一体どのような子ども自身の内在的な要求として組織されようとしているのだろうか。政策化された「Society 5.0」対応の教育改革構想において提示される人材育成は、あまりにも性急に、そしてストレートに企業のグローバルな経済競争の必要と戦略から、粗野な形のままで教育の場へ持ち込まれている。そしてそのような人材育成の課題が、さまざまな「○○力」としてカタログ化され、その能力の獲得に必要な学習方法やプロセスが、認知心理学や学習心理学で加工され、さらにはビッグデータ解析による「個別最適化された学習」として個々人に提供される学習システムが提唱されているのである。ネット上に組織されたバーチャルな学校は、「Society 5.0」の未来が求めるスキル課題を提示し、子どもたちはこのバーチャル空間の学習競争に参加するのである。

そのような学びからは、子どもたち自身による未来探究がほとんど奪われている。「Society 5.0」社会の求める能力はすでに確定していて、それがあれば「予測困難な社会」、「予測不可能な社会」――これらのフレーズは「Society 5.0」とはなにかの説明に常に繰り返されている――に完全に対処可能であるとされているのである。考えてみれば、「予測不可能」だとすることは全く無責任というほかない。それは子どもに、未来社会は予測不可能なリスク社会で、君たちが未来をどうするかなどということを考えるのは無駄だといっているのと同じであろう。現代の矛盾や困難を読み解くことによってこそ、未来を構想し、その未来を形成する主体として成長していくことができる。その手がかりはたくさん提示されている。格差貧困の拡大、テロや戦争の展開、地球環境の破壊、あるいは新たに課題化されていく人権問題の展開、いじめ、過労死、パワハラ、ジェンダー問題、等々。あるいはより高度な生産の可能性、ＡＩやビッグデータのもたらす可能性、等々。それらの課題や新しい可能性に向かい合うとき、新しい希望としての未来像が切り拓かれる。そういう知を切り拓くことが、学校教育の使命ではないのか。それらの課題との向かい合いを全て取り払って、「Society 5.0」社会でグローバル経済競争に勝ち抜くための「○○力」獲得に学習を一面化して良いのだろうか。

5 「知」の二つの役立ちの回路

「個別最適化された学び」論は、ＡＩやビッグデータ、個の学習ログや認知科学によって、最適な学習課題や方法が与えられるとする。しかしそこには共同の学習が消えている。子どもや青年の学習の場が、同時に共同的に生きる関係性や方法を探求し獲得する場であるという位置づけがほとんど消し去られている。唯一の正解が明確ではないような状態の中で、より良い解決方法を議論し、合意を探究していくような学びは、他者と共に生きていくために不可欠な学びの領域である。それは、なによりも社会のありように関する探究にとって、決定的な重要さをもっている。この問題を、再度、知の人間社会への役立ちの二つの回路という視点で考えてみよう。

二つの回路とは、①直接的生産過程に結合されて生産力を上げ、経済的な富を生み出す回路、「直接的生産過程で働く知の回路」と、②社会の共同のあり方を公共的な場で議論し、合意によって創り出す回路、「人間の共同性を実現する知の働く回路」である。先に第６章で検討した内容について、確認しておこう。

(1)「知識基盤社会」は、この直接的生産過程との結合によって生産力を高める知だけを焦点化する。「Society 5.0」構想から出されて来る人材力形成の知は、この回路で働く知に焦点化されている。

(2)二つの回路は、大きくは「経済」と「政治」の領域がそれに対応する。それは「ホモ・エコノミクス」と「ホモ・ポリティクス」の生き方の規範と対応している。

(3)「人間の共同性を実現する知の働く回路」は、社会的な共同のあり方を実現していくことと結びついており、その知は公共性空間での表現、議論、合意を経ることで社会を作る力として働く。それは「方法としての政治」の中で働く知でもある。

(4)そのためには、学習は、確定された知や技術獲得のスキルとしてではなく、公共性の規範の上で、共同的な議論を経て合意を形成していく過程として進められることが必要となる。そのための学びの場は、それに相応しい関係性、共同性、集団性をもつことが不可欠となる。

この論理は、単に生活指導課題としての共同的学習集団の形成を、学校の機能として求めることにとどまるものではない。知が人間社会を形成していく力として機能するための場として学校が組織されていかなければならないということを求める。それは自治（あるいは政治）と学習とが結合されていく場でもある。社会的な価値については、それが絶対に正しいものとして習得され、行動の規範として具体化されるものではない。憲法的な規範についてもそうであろう。そういう価値は集団的・共同的実践の場を介して吟味され、再獲得され継承されていくものであろう。人間社会にどんな価値や規範が組み込まれるべきかを探究し合意していくためには、人間と人間との関係性の中で学習と議論をすることが欠かせない。人権、民主主義、平等、公平、等々の価値は関係性を探求していく実践の中でこそ獲得できる。コンピュータと個人との関係に教育関係が代替されるとき、人間社会のありようを議論し合う学習の公共性空間は立ち上がらない。自治や民主主義の継承は学校教育の重要な課題であるが、ＡＩやビッグデータだけに依拠する「個別最適化された学び」は、それらの価値や課題を位置づけ、探究する場を形成できない（もしそれをプログラム化できるとすれば、それは教育の自由の世界の価値判断をＡＩのプログラムに人為的に組み込むことが不可欠であり、かつ公共的な議論と合意のプロセスが設計されなければならないだろう）。だからそこからは、「方法としての政治」を立ち上げる知の回路が失なわれていく。

そのような共同性をどう実現していくのかを課題として子どもたちが探究、格闘する「実践」の場として学習が組織されることによってこそ、共同性を実現する知は習得され、発展させられていくのである。共に学ぶことの意味の核心はそこにある。

補足として述べれば、この問題は教養における文系（人文・社会科学）の軽視、排除問題とも結びついている。生産力の高度化に直結する知は、いわゆる理系的な知識に傾斜する。だからグローバル競争に勝ち抜く人材に求められる知に一面化するときには、社会認識や人間把握に関わる知が軽視されていく。そして大学再編において、文系の領域が縮小されようとしている動向と深くそれは結びついている。(注8) しかし単純ではない。

竹内章郎は、その点に関して、「文系軽視」は「新たな文系構築」、「ネオリベ的文系構築」であると指摘している。そしてそのような「ネオリベ的文系」の性格として、「①市場秩序と一体化した知識・認識論」、「②権力主義的な知識・認識論」、「③真に問うべき『何故』を除去する知識・認識論」、「④知識・認識を『情報化』する知識・認識論」と特徴付けている。(注9) このような新たな文系知識はもちろん第二の回路において働く知であるが、先に第6章で検討したような「ホモ・エコノミクス」の認識や規範を中心的に担うものとなる。そしてそこには「市場秩序的なもの以外のコミュニケィションや市場秩序外部の専門性の否定」が組み込まれており、「長期的、さらには歴史的に探求せねばならない事態の『何故生じるか』を無視して、非常に短期的な知識・認識の『今の「有用性」』のみを重視し、真に歴史を問うグランドセオリー的問いを全分野において無視するが故に、現状の無批判的受容に至る」(注10)ものであることを指摘する。

新学習指導要領における「資質・能力論」はこれに対応する知や教養の構造を推進しようとするものである。人材形成のための能力（コンピテンシー）形成と、新自由主義的な市場競争社会に生きる規範を身につけた人格特性の形成のための「ネオリベ的文系構築」とをセットにして、公教育を強力に推進しようとするものである。そしてその中では「資質」形成の教育は、道徳的規範教育へと強く傾斜しつつある。そういう動向を踏まえるならば、知の二つの回路は、今推進されつつある新自由主義的教育政策においては、グローバル競争に対処する人材に求められるコンピテンシーの教育と、市場競争社会と新自由主義社会の統治を受容する規範の形成に働く教育として、再構成されようとしていると把握することができるだろう。

6　公教育を誰が統治するのか

「Society 5.0」の教育改革推進のためには、公教育の情報システム基盤の構築に膨大な国家資金が投入されるだろう。その領域は、格好の開発・投資市場として、教育情報産業が展開するだろう。それは全国学力テストや自治体の学力テストがほとんどベネッセなどの教育産業に委託されている事態、新たな共通テストにおける英語の四技能試験や国語・数学の記述式テストが、ほとんど民間企業に委託する形で推進されてきたこと（２０１９年12月にそれらは国民的な批判によって、いったんはストップされることになった）などを見ても明らかである。

一方、巨大資本による教育システムの開発によって、「個別最適化された学び」を提供する仕組みについては、その単価は非常に安価になり、教師、指導者の雇用は最低限に抑制され、専門性をもった教師がその学習の過程に寄り沿い励ますということはなくなるだろう。経済産業省の「『未来の教室』とEdTech研究会」の「第１次提言」が言う「学びの生産性」、諸活動や行事の削減、重い教員負担の克服、さらにEdTechの活用が「教師の働き方改革の方法」でもあるとする「未来の教室」構想は、露骨に、このＡＩと教育産業に依拠した教育システムによって、学校教育の縮小化（スリム化）を進め、公教育費を縮小しようとする意図をちらつかせている。すでに高校では、ベネッセなどをはじめとする教育産業によるさまざまな「支援」や「研修」、「進路指導」「授業」などが拡大している。「社会とシームレスな小さな学校」（同「第１次提言」）とは、教育産業が公教育と「継目なしに」つながることで、公教育に一挙に食い込み、学校教育の中に巨大な教育サービス商品市場を展開させる方策であろう。

それらの変化の中に見ておかなければならないことは、国民の教育権論で意識化され、その実現が目指された公教育における「国民の教育の自由」が、この新しい仕組みの中で、ほとんど奪われようとしていることである。教育事業における国民主権、公教育に対する民主主義的統治の仕組みはなくなり、企業の市場戦略、利潤の追求、資本のための人材育成という目的により公教育が直接的に支配され、国民の教育要求との関係は市場というシステムを介して調整されるだけとなるだろう。企業が教育の社会的資本を集積し、教育の民営化、市場化が、急速に展開するだろう。公教育という営みによって蓄積されてきた教育の社会的資産[注11]は、教育資本によって収奪され、資本の力となり、資本の利潤獲得に活用されていくだろう。そして国家は学力到達度基準を「大学入学共通テスト」「高校生のための学びの基礎診断（テスト）」などとして設定し、それをグローバル人材形成基準として管理、操作することで、公教育にとどまらず、教育の市場をも方向づけようとするだろう。これらに対抗するための国民の教育の自由の仕組みをどう取り戻すのか、今、本格的な検討が求められている。

（四）労働能力と学力の個にとってのかけがえのなさ

高度の知や技術の開発が人間労働にもたらす影響において、最も基底的な意味は、人間労働の生産性が飛躍的に高まるということである。それは当然にも、次の二つの変化を生み出す。第一の変化は、生産力の高まりに比例して、人間が生きていくのに必要な使用価値の生産に向けられる労働が減少していくこと、したがって生存のための必要労働時間が縮小される可能性が生まれることである。もちろん第二の変化として生産力が高まれば同時に人間の欲望も高まり、生存の内容の質が高度化、豊富化し、それだけ生存のための必要労働時間が増加していく。そして歴史的に見れば、第二の変化を上回って第一の変化が進行し、必要労働時間の短縮と、生存自体の高度化とが、両方並行して展開してきたと見ることができる。また「生存の高度化」の内容には人権や労働権の高度化、発展が含まれており、労働時間の短縮や労働権保障の水準の高まりが、同時に実現されてきた。これからのめざましいＡＩやロボット技術の発達は、これらの変化をさらに増進していくと考えられる。

にもかかわらず、知識基盤社会論は、一気に逆転した未来像を不可避のものとして提示する。知と技術の開発は、人間労働の必要性を低下させ、もはや労働権を保障する雇用制度などを維持する必要はなくなるかのような未来像を提示する。雇用が権利として保障され、誇りを持って労働を行ない、権利として給与を受け取り、自らの豊かな生存を実現していくという仕組みが、資本にとって無駄なものとなるというのである。一部の優れた知的能力の所有者は、高い賃金を受け取るとしても、ロボットに代替されるような労働部門でしか働けないような能力の人間は、もはや、社会にとって無用であり、その存在は価値を持たないというような言説すら展開していく。

この全く異なる未来像の分岐は、一体どうして起こるのか。「知識基盤社会」論が後者の未来像へと繋がる背景には、人間労働がなくても経済的価値が生み出せるという論理、労働ではなく知が経済的価値を生み出すあらたな経済システムが出現しつつあるという論理がある。資本主義は労働の搾取によって剰余価値を蓄積し、資本の増大を推進していく経済体制であるとすれば、その論理ではなく、資本主義を超える「知識による経済的生産」体制が出現するという論理である。そして、機械（ＡＩやロボットを含む）によって代替可能な労働が技術の発達によって急速に拡大し、ほとんどの人間は経済生産から見れば価値のない、役割を持たない存在になるとされる。

しかしその論理は、そもそも経済が循環するために必要な労働者による商品の購入という要件を、資本主義的経済循環から取り去ることを意味する。生産手段をもたない圧倒的多数の国民は、労働の場から排除され、したがって給与もなく、生存に必要な商品を購入する「収入」も確保できなくなる。その根本的な矛盾を「ベーシック・インカム」論で克服することはできないだろう。

この土台には、労働をめぐるもうひとつの論理がある。それは、労働は資本の増殖の手段として存在しており（「資本主義的生産の下での労働力の使用価値は剰余価値生産にある」）、それ以上の存在ではないという前提である。そこでは、労働が人間にとってその存在を実現する上で不可欠なものであるという認識が欠落している。しかし今日、この前提は異なった認識を生み出しつつある。すなわち、労働そのものは、高度な科学技術の発展の時代においては生産と利潤の蓄積にとってはそもそも不必要なものであるという認識である。少なくとも多くの労働が不必要になるという認識である。そして人間労働がなくても、ＡＩやロボットなどによる「純粋機械化経済」による利潤獲得が可能であるとする認識である。

その論理においては、労働そのものが、人間の自己実現にとって不可欠な営みであり、その豊かな展開こそが未来における人間のありようとして探究されるべきものであることが、全く検討課題として設定されていない。労働の意味が資本の利潤追求の手段としての視角からのみ把握されている。補足すれば、現実の資本主義的生産の下において、労働が歪められ、疎外され、苦役化され、非人間化されている実態があり、そういう労働から解放されたいという思い――疎外された労働からの解放の要求――が渦巻いているという側面もあると思われる。しかし労働はその本質において、人間による自然の改造であり、より豊かな使用価値の創造であり、それ自体が自然への自己の対象化――自己と自然の新たな創造――でもある。そして労働は同時に共同労働であり、他者とともにより豊かな使用価値を生産して互いの共同性を豊かに実現し、その共同果実の共有を可能にする。

今日の経済的な側面における社会的正義は、全ての人間の労働権を憲法的権利として保障することの上に成り立っている。さらに、労働法体系は、生存権に値する最低賃金を保障する法的仕組みとして存在している。この法体系が守られるならば、人々は基本的に自らの労働に依拠して生きていくことを権利として実現できる仕組みが構築されているのである。しかも、ＡＩやロボットの発展によって、人間の必要労働が縮小していくならば、より拡大する自由時間が、必要労働に拘束されることなく、自己実現の時間として機能していくだろう。

しかし、グローバル資本が競争に勝ち残るためには社会の富をより多く占有しなければならないという世界経済競争の視点からすれば、競争に勝ち残れる高利潤部門、高度な労働力以外は無駄なもの、競争力を押し下げるもの、役に立たないものとして廃棄され、捨て去られてしまうのである。資本の利潤獲得の視点から労働の価値を意味づける様式の上で、人間の労働力や子どもの学力を計測するならば、その様式は、人間そのものの存在的価値を切り捨てること、人間として生きる希望の剥奪に繋がってしまうのである。

そのように主張することは、経済の側からの労働力に対する要請を無視した観念的な教育的ユートピアの妄想だという批判が向けられるのだろうか。しかしそうではない。現代のような社会的な富の高度の生産が可能な時代においては、全ての労働能力が、その「実現」の場を与えられることが可能であり、しかもそのことによってこそ、社会の富の総生産量はより豊富化する。もちろんどういう労働の場に就くかにあたっては、社会の労働への需要との間に繋がりをつけて、その分野に必要な労働能力を高め選択していく回路がしっかり設定され、一人ひとりがその社会的需要に応えられるように学習することが課題となる。しかし全ての労働が、なんらかの分野で実現されることが強く期待され、かつ保証されるという関係性――競争に勝てなければ役に立たないというのとは根本的に違って――が、権利として実現され得る時代が到来している。全ての人間の労働力には、生産に参加して富を形成する力があり、そしてその労働力が実現されることが本人にとっても社会にとっても経済的にもメリットがあるのである。共同的に生きていく方法の中核に労働が位置しているのである。そしてそのような意味で、個々人の能力＝学力には、社会にとっても、個人にとっても積極的な価値がある。その価値が実現されるように社会の仕組み、経済の仕組みを組み替えていくときにこそ、全ての人間の労働能力や学力は、他者のそれと比較して低いか高いかにかかわらず、無条件にかけがえのないものとして、社会の側からも、自分自身の側からも、愛しいもの、誇りあるものとして捉えられるであろう。

たとえ必要労働が縮小するとしても、自由な労働、多様な創造的活動への要求が高まり、それはより高度な能力の探究に繋がり、学力の形成もまた人間的要求として高まっていく。その学力、労働能力要求は、競争圧力から解放され、自由な創造的探求に取り組む要求に支えられた多様で主体的なものへと変化していくだろう。

現実には他者との比較で「低い」学力、労働能力をもつことは、自己の価値を低めることであるかにとらえられてしまう。しかも、学校という場がそういうメッセージで満たされているのである。そのような労働力、学力の意味の捉え直しが、今日における学力問題解決の土台に置かれなければならない。

（五）人間の存在（to be）を支える学力の探究へ
――「個の尊厳」をこそ全ての基盤に据える

学力は、単なる労働能力としてのみ把握されてはならない。人間の存在（to be）を実現すること、すなわち生きることはもっと多様な領域を含んでいる。労働に加えて、政治への参加＝主権者として生きること、文化や芸術を楽しみ、また創造すること、他者とのコミュニケイションを展開すること、また親密圏において豊かな共同を築いていくこと、また真理や価値の探求のための研究や探求や調査、等々を担うものである。それらを遂行していく学力の価値は、他者のもつ学力との到達度の比較によって計測されるのではなく、いかに生きるかという個々人の固有の目的の実現を支える方法と力の獲得としてこそ意味化され、自己評価の対象となる。それは、自己の存在を支える力であり、その絶対評価はけっしてマイナスになることはあり得ず、常にプラスの値を示す。

個々人の人格そのもの、個々人の存在そのものを支えるものとして学力が意味化され、機能するために必要なことは、人格そのものの存在が価値あるものとして励まされ、その人格そのものが抱く課題が尊重されることである。それは教育が個の尊厳を実現することを目的として行なわれなければならないことを意味している。個の尊厳の実現は全ての個にとっての最も基本的な願いである。それは、他者からその存在の独自性、固有性を承認されること、自分自身の目的や主体的判断に沿って生きることができること、自分の存在が他者にとって意味あり価値あるものと把握されること、自分の課題を自分の力で切り拓いていくことができるという自分への信頼や有能感が持てること、等々を意味する。学力は、これらの一つひとつの人格的な課題の達成のために必要な力であるという文脈の中でこそ、その獲得が主体的に意欲される。知識が基盤なのではない。人間の存在の実現、個の尊厳の実現こそが知や経済の意味を成立させる最も根底の基盤となるのである。

もちろん、そのことは、青年期において、明確な職業的目標を持つことで学習意欲がより明確化される段階のあることを否定するものではない。しかし、小学校や中学段階において、あるいは大学教育にアクセスする回路としての高校教育においても、現代の労働能力として必要だとされる一般的コンピテンシーの獲得は、個々の子どもが抱えている問題を解決する切実なリアリティーを持った学習課題としっかり結合されているとは言いがたい。真の主体性無くしては本当の意味での創造的で応用的な学力は形成できない。いくら回り道のように感じられようと、子どもが、学習主体が、自分を捉え、自己の課題を捉えるという学習主体者としての主体性を確立することが不可欠である。

とするならば、知識が経済的生産力を高める大きな要素を占めるという限定的な意味で、今日を「知識基盤社会」と呼ぶことがあり得るとしても、人間存在そのものの意味の探求と実現こそが知の獲得の目的の根本に置かれなければならないのである。いくら知や技術の重要性が増すとしても、人間人格の固有の存在性、その実現という課題こそが、教育と学習の土台に据えられなければならないのである。そしてそのことこそが、今日の学力形成のための、最も重要な視点とならなければならない。

知識や技術の発展が、人間の目的や論理を超えたものであり、その自然史的な展開に対して人間は無力であるとするのか、知識や技術の発展をコントロールし、それを人間の尊厳や人権の発展に結びつけることこそが、人類の知恵の根本的な目的であると捉えるのか。後者に立つとすれば、グローバル資本の利潤の観点から描き出される未来像を批判的に吟味し、それとは異なった未来社会の探究に進む必要がある。

あらためて最初の問いに戻ろう。人類が、最も高い能力や学力を獲得しようとして、教育制度を高度化し、また発達論や教育学を発展させてきたまさにその高度な到達点において、人間の学力や能力はそのほとんどが機械やＡＩに打ち勝つことができないことが明らかとなり、いや、それだけではなく、生産活動においてもはや価値がないものとなり、ごく一部の優れた知能以外は、社会的に意味を失うというのは、本当だろうか。確かに資本にとっては、そうかもしれない。とすれば資本の目を介して、資本の利潤獲得の戦略を介して、人間の能力や学力の価値を意味づけるという様式を超えなければならない。「知識基盤社会」論は、その旧い様式への囚われから解放されなければならない。

注

（注1）友寄英隆『ＡＩと資本主義――マルクス経済学ではこう考える』本の泉社、２０１９年、参照。

（注2）児美川孝一郎「発題　現在の高校改革をどう捉え、どう対抗するか」『教育』２０１９年11月号。

（注3）「EdTech（エドテック）」とは、Education（教育）とTechnology（テクノロジー）を組み合わせた造語である。テクノロジーの力で教育環境が変わっていく動き・トレンドを指すとともに、ＡＩやデータテクノロジーによって教育領域にイノベーションを起こすビジネス、サービス、デジタル企業などの総称としても使用される。経済産業省の「第1次提言」では次のように提起している。
「この提言においては『EdTech』という用語を、テクノロジーを活用して教育に変革をもたらすサービス・技法を指すものとして、またサービス・技法を構成する要素テクノロジーそのものを指すものとしても用いている。
例えば現時点では、蓄積された大量の個人学習データをＡＩ（人工知能）が解析し、個別最適化した学習プログラムをきめ細やかに提供するサービスや、講義を動画やオンライン会話の形で提供するサービス、プログラミング用ソフトウェアや3DプリンターやVR（仮想現実）等を用いたSTEM／STEAM学習サービス、学習塾や学校等の校務や教材作成の支援サービス、学習者と必要な指導者や教材などのマッチングサービスなどが存在している。」（Ⅱ頁）

（注4）ここでいわれている「50センチ革命」とは、子どもたちが、今生きている眼前、身の回り（そのことを50センチという言い方で表そうとしている）において課題を把握し、物事に働きかけ、自分の工夫を組み込み、思考し、創造する主体として学習するということを表そうとするものである。確かに、子どもが今生きている現実、そこで起こっている現象、それに対して抱く関心、疑問、願いなどをこそ学習の課題や対象とすること、そしてその「50センチ」の場で自らを主体化する学習を作り出すという点では、この「50センチ革命」というのは一定の積極的な意味を持つ表現であろう。しかし、その「50センチ」のなかで現実に起こっている課題や困難、矛盾、その中での子どもの願いを引き出すためには、子どもの実態に寄り添い、子どもの表現を引き出し、子どもが直面している困難に寄り添い、その解決を子どもとともに教師が取り組むという構えが必要である。上からの達成課題を提示し、その達成度をテストで計測するような学力テスト体制、学力獲得競争システムは、「50センチ」の場で主体として生きるということをむしろ妨げる。その「50センチ」の空間が、子ども自身が安心でき、自由に自分の思いや願いを探求し、人権と個の尊厳が保障され、権利主体として生きられる空間となることが不可欠である。いじめや人権侵害や形式的な管理主義や自治の剥奪などは、それを妨げている。その意味では教室や学校空間や学習空間をどう作り出すかという課題と不可分の課題としてこそ、追求されなければならない。しかし「50センチ革命」論はそのことにほとんど触れていない。

（注5）横井敏郎「『Society5.0』に迫られる高校」、河合美喜夫「『通路』ではなく『広場』としての高校を」『教育』2019年11月号、かもがわ出版、参照。

（注6）習熟の二つの側面を、松下佳代は「定型的熟達化」と「適応的熟達化」というふうに区分して論じたことがあった（松下「3つの習熟概念」『教育』1994年2月号）。そのことへのコメントも含んで、習熟概念については、佐貫浩『学力と新自由主義――「自己責任」から「共に生きる」学力へ』（大月書店、2009年）、第Ⅱ部「第3章　習熟――知識を生きる力へと組み替えるプロセス」を参照。

（注7）AIやビッグデータによる「個別最適化された学び」は、はたして学習意欲論から見て、子どもの学習意欲を支え、促し、意識化することができるのかどうかが問われるのである。このことに関係して、学習意欲論については、坂元忠芳『学力の発達と人格の形成』（青木教育叢書、1979年）を参照いただきたい。そこでは、学習意欲の認識的側面と人格的側面が交錯し交渉しつつ発達する様相が描き出されている。この人格的側面に則して子どもを支えることは、AIの提供する「個別最適化された学び」では、できないだろう。

（注8）文部科学省は、2015年6月、人文社会科学系や教員養成系の学部や大学院について廃止や社会的要請が高い分野への転換に努めるなど、組織と業務全般を見直すよう通知を出した。同年7月、この「文系見直し」通知に、日本学術会議幹事会は、「総合的な学術の一翼を成す人文・社会科学には、独自の役割に加えて、自然科学との連携によってわが国と世界が抱える今日的課題解決に向かうという役割が託されている」として、批判声明（「これからの大学のあり方――特に教員養成・人文社会科学系のあり方――に関する議論に寄せて」）を発表した。

（注9）竹内章郎「人文社会科学の軽視と新自由主義（ネオリベ）」総合人間学会編『総合人間学13　科学技術時代に総合知を考える――文系学問不要論に抗して』ハーベスト社、2019年。

（注10）同前、59頁。

（注11）ここでいう「教育の社会的資産（資本）」とは、公教育が営まれるための諸条件――カリキュラムや専門性を獲得した教師、またそういう教師の専門性と不可分に結合して蓄積された教育方法や教育学認識、さらには公教育

施設、教育文化資産、学校生活を支える給食システム、それらを支える国家の教育予算等々、それらの全体を含んだものを指している。これらの社会的資産なくして公教育は展開できない。それらは、同時に国民の教育の自由の物的文化的基盤を形成してきた。そこには、国家からの自由や、利潤の論理からの自由、教師の専門性の自由などが組み込まれてきた。教育を、そういう専門性と自由を保障された教師が行なうのか、教師や親、地域住民の共同による学校の自由が実現されるのか、企業に雇用された教育企画者や指導者が企業利潤の論理に拘束されて教育サービス商品を提供するのかは、公教育の質に決定的な違いを生み出す。今そういうレベルで、公教育を誰が、なんのために展開するかの争奪戦が展開されているのである。

あとがき

(1)5～6年前から、「知識基盤社会」という言葉に、違和感を抱くようになってきた。その違和感はどこから来ているのだろうかを考え始めた。しかしそれは今までの私の専門の教育学の枠の中だけではなかなか明確にならないものだった。

そこで、そういう関連の経済学研究者のいくつかの本を読み始めた。マルクスの『資本論』などもあらためて読んでみた。また最近精力的にＡＩ論をマルクス主義経済学の立場から展開されている友寄英隆氏の『ＡＩと資本主義――マルクス経済学ではこう考える』（本の泉社、２０１９年）なども、興味深く読ませていただいた。情報資本主義に関するいくつかの本、ＡＩやロボットの発展がもたらす資本主義的生産の変容を扱ったいくつかの本も読んでみた。ポール・メイソン『ポストキャピタリズム――資本主義以降の世界』（佐々とも訳、東洋経済新報社、２０１７年）などの展開は、共感できる部分もあった。

しかし、率直なところ、情報資本主義論や、科学技術の新たな展開と資本主義経済の今後の展開に関する多様な議論のごく一部分を検討したに過ぎない。その意味では、限られた視野からの展開となったことを正直に表明しておく。しかしそれでも、このような形でまとめてみたいと思ったのは、教育学の領域において、その外側、特に経済学や社会学などの分野で展開されている知識論や科学技術論、ロボット論などの議論を視野に置いた議論が、非常に少ないという状況が気になったからである。そして最近の雇用政策の変化が、企業の雇用戦略の改変、企業の利潤戦略から生み出されている側面が大きいにもかかわらず、ＡＩや科学技術の変化の不可避的な結果として引き起こされているものとして、社会的に大きな抵抗を生みだすこともなく受容されていくような状況が生まれていることに、危うさを感じたからである。さらにそういう状況を教育の世界が、かなりまともに受けてしまい、子どもたちに、ロボットに負けない学力を身につけなければ生きられないぞというメッセージを強く発しつつあると感じるからである。

(2)この展開の中で、私は、基本的にマルクスの労働価値説、剰余価値論に依拠して、論を展開した。しかし、今日の時点で、そういう立場で、議論を展開するためには、もっときちんとした多くの論点を踏まえなければならないと感じつつ、かといって、今の私にここで展開した以上に広い視野に立ってこの論争問題を吟味していく力量や準備があるわけではない。そのことを自覚しつつも、知の発展が、何故、どのように、グローバルな資本主義の利潤戦略に包摂されていくのかを明確にすることを避けては、知と学力の今日における変容の意味を解くことはできないという思いを持ち続けてきた。そしてそれを明らかにする上では、マルクス主義経済学の方法論は、今日なお、大きな力を持つと考えてきたのである。この本で展開した論理は、そういう意味では、今日の経済学と教育学とをつなぐ一つの挑戦であると考えていただきたい。教育学の側からのこの問題へ挑戦していく一つの踏み石として、批判的に読んでいただければと思う。
(3)この検討を経て、あらためて考えたことの一つは、新自由主義というものの歴史的な位置である。資本主義の2世紀以上にわたる展開の到達点として、グルーバル資本による世界支配という段階が出現している。そして国民国家権力もまた、そのグローバル資本の戦略を支持し、具体化する新自由主義的な国家権力へと改変されつつある。その結果、従来の国民国家というものの性格が、一挙に組み替えられ、人権や民主主義の一定の前進を作り出した歴史的な国家形態としての国民国家が、退場させられつつある。同時に新自由主義がもたらす格差や貧困や国境の壁の崩壊、危うい解体によって、ナショナリズムが高まりつつある。そしてそれらを貫くようにして、知と科学技術の開発の世界的な競争が一層激化している。情報企業、プラットフォーム企業に膨大な利潤が蓄積されることと裏腹に、格差貧困が世界中に広がるという事態が展開している。知識の発展が、これらの変化と不可分に結びついて展開している現代の様相、その本質を捉えることが必要になっているように思う。この本では、それが教育の世界にどのような影響を与えているのかを明らかにしたいと考えた。
(4)これらの検討を経て、私自身において明確になった一つの視点は、知が人間社会に変化を及ぼす作用の回路には、2種類があるのではないかという考えである。一つは知が、直接的な生産過程に組み込まれることで、経済的生産力が大きく高まるという回路である。この回路で働く知の力は、今日の生産様式の下では、グローバル資本の力として具体化される。いかなる知――AIや科学技術の開発――を獲得するかが、グローバルな経済競争の最も中心的なテーマになっている。企業から提示される人材としての能力への要求も、この点に焦点化されている。学校教育に持ち込まれようとしている学力要求、コンピテンシー要求も、この点に焦点化されている。しかしどんな社会を創るのか、今社会に生まれている矛盾や困難をどう分析し、どう改変していくのかに関わる知が高められ、社会の合意となり、一人ひとりが生きる場の権利主体となっていくような知の回路、社会の新しいありようを切り拓くように知が働くもうひとつの回路が、それとは別にあるのではないかということである。

そしてその回路においては、一人ひとりの知と判断が、まさに共同的に生きる場の権利主体としての平等性において働き、そこで作り出される合意が、あらたな社会関係、社会制度、社会規範、共同のあり方を作り出す力として働いていくということである。それは、人権や平等、格差や貧困問題、戦争や平和、いじめや暴力、環境問題や地球の持続、各種の差別やマイノリティーへの抑圧、ジェンダー差別、激しい競争や孤立化の危機、等々の、一人ひとりの生き方、共同のあり方などについての合意を形成する努力、民主主義が必要な領域において作用すべき知である。それは、人々の判断を介さない客観的「正解」を確定することができない領域である。

しかしそういう知の働く回路が、残念なことに、学校教育の中から、子どもたちの学びの場から、ほとんど失なわれてしまっているということである。そのことの結果として、結局子どもたちに、資本主義的な生産過程で資本の剰余価値生産を高める知だけが、本当の知であると考えさせてしまうような事態が、深く学校教育の中に組み込まれてしまっているということである。この第二の回路を学校教育の中に、学びの中に意識的に取り戻すことが、今不可欠になっているのではないかということを強く考えている。

(5)花伝社の平田勝社長に、このテーマをまとめてみることを勧められたのは、2016年12月の、私の法政大学退任行事の中で、「知識基盤社会論批判」というテーマで、最終講義を行なったときであった。それからもう3年が経つ。十分とは言えないが、ある程度整理された形で、問題提起ができるのではないかと思い、まとめることにした。出版事情が厳しい中、背中を押していただいたことに深く感謝している。また直接編集を担当していただいた山口侑紀さんにも、深く感謝したい。花伝社からの私の単著はこれで4冊目となる。多くの発表の機会を提供していただき、支えていただいたことにあらためてお礼を申し上げたい。

(6)ここに掲載した論文の最初の発表誌は、以下の通りである。今回まとめるにあたって、大幅な修正、改編をした。また、法政大学キャリアデザイン学会機関誌『生涯学習とキャリアデザイン』には、「知識基盤社会論批判」の論考①~⑤を2014年3月から2017年3月まで、5回にわたって連載させていただいた。発表の機会を与えていただいたことを感謝したい。

なお、2019年7月に出版した『学力・人格と教育実践』(大月書店)の第6章「『知識基盤社会論』批判――労働の未来像と能力・学力の価値について』と第7章『学力と道徳性、主権者性――新自由主義と政治教育の関係を考える」の展開は、この本の第2章と第4章の内容と、いくつかの節において重複していることをご了解いただきたい。この本の論理を構成する不可欠の内容として、新たな展開を含んで組み込み編集したものである。序章、第3章、第7章は、ほぼ書き下ろしである。

初出一覧

第1章　「知識基盤社会」とはなにか――「知識資本主義」論の検討
………「『知識資本主義』、『知識基盤社会論』批判――グローバル化と新自由主義教育政策下の学力問題を考えるために」法政大学キャリアデザイン学会紀要『生涯学習とキャリアデザイン』Vol.11-No.2、２０１４年３月

第2章　グローバルな経済競争と「知識基盤社会」――グローバル資本の戦略と労働力要求の変化
………「『知識基盤社会』論批判」民主教育研究所年報２０１７『新学習指導要領を読み解く』２０１７年７月

第4章　労働の権利と生存権保障――新自由主義と雇用の変貌、破壊
………「『情報資本主義』と学力を考える――グローバル資本の求める学力とはなにか」同『生涯学習とキャリアデザイン』Vol.12-No.1、２０１４年９月

第5章　ＡＩ・ロボットと労働の未来
………「『知識基盤社会』の進展と人間労働の未来――人間とロボットの関係を考える」雑誌『教育』２０１７年７月号、かもがわ出版

第6章　社会を作る知と政治的公共性の世界――「人材」形成と「主権者」形成の二つの教育目的をめぐって
………「学力・労働力の価値とグローバル経済段階の労働力市場の機能――市場に対する規制と主権国家の民主主義の関係をめぐって」同『生涯学習とキャリアデザイン』Vol.13-No.2、２０１６年３月

佐貫 浩（さぬき・ひろし）SANUKI Hiroshi
1946年、兵庫県篠山市生まれ、法政大学名誉教授。
教育科学研究会常任委員、雑誌『教育』編集委員、平和・国際教育研究会代表。
専攻領域　教育政策論／平和教育学／社会科教育／教育課程論
主要著書
・『道徳性の教育をどう進めるか――道徳の「教科化」批判』新日本出版社、2015年
・『18歳選挙権時代の主権者教育をつくる――憲法を自分の力に』佐貫浩監修・教育科学研究会編、新日本出版社、2016年
・『現代をどうとらえ、どう生きるか――民主主義、道徳、政治と教育』新科学出版社、2016年
・『学力・人格と教育実践――変革的な主体性をはぐくむ』大月書店、2019年
他。

「知識基盤社会」論批判――学力・教育の未来像

2020年3月5日　初版第1刷発行

著者 ――佐貫　浩
発行者 ――平田　勝
発行 ――花伝社
発売 ――共栄書房
〒101-0065　東京都千代田区西神田2-5-11出版輸送ビル2F
電話　03-3263-3813
FAX　03-3239-8272
E-mail　info@kadensha.net
URL　http://www.kadensha.net
振替 ――00140-6-59661
装幀 ――佐々木正見
印刷・製本―中央精版印刷株式会社

ISBN978-4-7634-0918-8 C3037